KB260225

Heaven on Earth

땅에서 열어가는 천국

진리의 깃발

땅에서 열어가는 천국

초판 1쇄 발행 _ 2012년 8월 25일

지은이　　　서창원
펴낸이　　　서창원
펴낸곳　　　**진리의 깃발**
등록일　　　1995년 1월 27일
동록번호　　제 17-203호
발행처　　　도서출판 진리의 깃발
　　　　　　　서울 강북구 미아1동 791-2143
전화 · 팩스　02)984-2590 ｜ 02)945-9986

편집 · 디자인　토라 디자인 (908-5538)

ISBN 978-89-87124-23-0　03230

가격 _ 10,000

저자서문

본래 인간은 사단의 자식으로 태어난 죄와 허물로 죽은 자들이다. 그런 자들 중에서 영원하신 계획에 따라 불러냄을 받는 은혜가 주어진다. 그들을 그리스도인 또는 하나님의 자녀라고 하는데 스스로에게서 나오는 것이 아니라 하나님의 아들 예수 그리스도를 통한 전적인 하나님의 구속의 은혜로 말미암은 것이다. 본질상 진노의 자식에서 예수를 구주로 믿어 변화된 새로운 피조물, 새 사람이 되었다. 썩어져가는 구습을 좇는 옛 사람을 벗어버린 그리스도인은 어린아이들처럼 많은 돌봄과 훈련이 필요하다.

그 돌봄과 양육은 장차 들어갈 천국을 땅에서 미리 맛보는 감동이 있다. 각양각색의 시험과 유혹을 받으면서도 하늘의 비교할 수 없는 맛 때문에 하늘의 것을 덧 입고자 온 힘을 기울인다. 땅에서 하늘에 속한 시민권자로 살아가게 되는 가장 기본적인 예의범절을 습득한다. 그 일을 위해서 하나님은 땅에 주님의 교회를 세우셨다. 교회는 단지 종교적

의식의 장으로서만 머무는 것이 아니다. 그 교회 공동체 안에 있는 성도들을 온전케 하는 일을 위하여 돌봄과 성장을 꾀한다. 그 과정에서 그리스도인은 하늘의 비밀들을 깨닫게 되고 교회의 참 주인이신 하나님의 인자를 맛보며 성장해 간다. 점점 열려만 가는 천국의 아름다움을 앙망하며 그 나라에 대한 소망으로 충만해 진다.

아이들은 어버이를 잘 만나야 잘 자랄 수 있듯이 성도도 교회를 잘 만나야 한다. 태어났는데 버림을 받는다든지 전혀 아이를 돌볼 시간적 여유가 없는 어버이 밑에서 자라는 아이들은 정상적인 돌봄과 양육이 결핍되어 문제아로 자랄 가능성이 높다. 영적으로도 마찬가지이다. 하늘나라 시민의 특권과 의무가 무엇인지를 습득하면서 하늘의 아버지의 성품과 아들 예수 그리스도의 인격을 닮아가며 동시에 성령 하나님의 성결케 하시는 은혜 가운데서 살아간다. 이것이 그리스도인이다. 그리스도인의 궁극적인 삶의 목적은 우리를 구원해 주신 하나님을 영화롭게 하고 그를 영원토록 즐거워하는 것이다. 우리를 지으신 하나님을 찬양하고 그에게 감사하며 그의 이름을 높여드린다. 그 일을 가장 바르게 가르치고 추구하는 좋은 교회를 찾는 것이야말로 미래가 보장될 가능성이 뛰어나다.

마치 명문 학교나 최고의 회사에 입사한 사람들은 그렇지 않은 사람들보다 미래에 대한 자신감이 더 많은 것과 같다. 그들이 속해 있는 학교나 회사가 그들의 미래까지도 어느 정도 보장해 주는 것들이 많기 때문이다. 일반 학교도 악덕 교육사업자들이 있듯이 교회도 악덕 종교 사업자들이 존재한다. 그러나 그 구분이 쉽지 않다는 것이 문제이다. 성도들 스스로 누가 거짓 교사인지 판별해 낸다는 것 자체가 난공불락과 같다. 그렇기 때문에 좋은 교회를 다닌다는 것은 지상에서 천국을 열어가는 확실한 길이다.

〈땅에서 열어가는 천국〉은 참된 교회의 모습을 제시하고 있다. 신앙인들의 신학적 정체성과 신앙생활의 참 뜻을 되새겨보게 할 것이다. 어렸을 때부터 늘 듣던 것이 하나님 중심, 성경 중심 및 교회 중심이라는 모토였다. 그러나 그 의미가 무엇인지 진지하게 설명해 주는 것은 그리 많지는 않았다. 성도라면 당연히 그렇게 살아야 하는 것이라고 믿었을 뿐이다. 그렇게 믿고 알고 있는 것을 정리해 보았다. 성도들에게 이 모토가 무엇이며 이 시대에도 기독교 역사 속에 유유히 흐르고 있는 신앙적 진수를 설명하고 제시해 보고 싶었다. 그리하여 하나님이 정해주신 거주의 경계선에서 10주에 걸쳐서 주일 낮 예배 시간에 강론한 산물이 본 책이다.

신학적 전문 서적이 아니기 때문에 학문적 지식이 깊지 않아도 충분히 이해하도록 힘썼다. 또한 교회의 가르침들을 신중하게 새겨온 자들에게도 진리의 깊이를 더 하고 싶은 마음이 일기에 충분한 내용이다. 반면에 교회에 다니기는 해도 성경에 대한 올바른 이해와 신학적 기조가 분명치 않은 자들은 이 기회를 통해서 큰 유익을 얻게 될 것을 확신한다. 참 교회와 거짓 교회는 분명 존재한다. 그 기준을 어디서 찾을 것인가? 물론 성경이다. 문제는 이단들도 성경을 가지고 논하는 점이다. 그렇기 때문에 하나님의 "진리의 말씀을 옳게 분별하여 부끄러울 것이 없는 일군으로 인정된 자로 자신을 하나님 앞에 드리기를 힘쓰라"(딤후 2:15)는 말씀을 기억하지 않을 수 없다. 판단이 쉽지 않은 분들, 옳은 것을 찾는 분들, 바른 신앙 구현을 위해 힘쓰고자 하는 분들, 더 나아가 참 기독교가 무엇인지를 알고자 하는 분들 모두가 만족하게 될 것을 확신한다.

끝으로 본 책이 나오기까지 녹취하며 땀흘려준 황중원 전희진 부부에게 감사드리고 개혁신앙을 사랑하는 모든 이들과 하나님이 내게 주신 가장 소중한 보물인 아내와 세 자녀들에게 이 책을 헌정한다. 교회의 머리이신 그리스도의 이름으로 우리의 참 아버지이신 하나님께만 영광을 돌리며,

솔샘골 서재에서 2012년 여름

하나님의 한 작은 종 서창원 목사

| 차례 |

Heaven on Earth

땅에서 열어가는 천국

개혁교회란 무엇인가?

개혁교회란 무엇인가? 개혁교회란 무엇을 말하는가? 개혁교회를 지향한다는 것은 무엇을 말하는가? 개혁교회에 대해서 많은 이야기를 들은 성도들도 개혁교회가 무엇이냐는 질문에 대답하기는 쉽지 않습니다. 이를 "개혁교회란 무엇을 말하는가?"라는 주제로 하나씩 살펴보고자 합니다.

오늘날 교회를 다니는 사람들 중 많은 사람들이 세상적인 가치관을 추구하는 것에 매우 익숙해 있습니다. 교회의 뿌리와 정체성에 대해 관심을 기울이는 사람은 찾아보기 힘들고, 세상적인 가치관을 따라서, 현재의 부와 영화에 관심을 기울이는 사람들이 많습니다. 전통과 뿌리,

근원, 뼈대에 대한 이야기는 더 이상 화두에 오르지 않는 이야기가 되었습니다. 오히려 세속적인 부와 번영에 많은 관심을 보이며, 이를 이룬 사람들을 존경하고 우러러보곤 합니다. "보이는 것은 잠간이요 보이지 않는 것은 영원함이니라(고후 4:18)." 라는 성경 말씀을 듣기는 하지만, 그러한 말씀을 따라 사는 것은 과거 극단적이고 광신적으로 신앙생활을 하던 사람들이 추구하던 고리타분한 가치관을 따르는 것일 뿐이고, 현대에는 세상에서도 부와 영화를 누리며 사는 것이 신앙생활의 열매라고 이야기합니다. 우리 주변에 있는 교회들과 교인들을 잘 살펴보시기 바랍니다.

물론 남을 돌아보기보다 자기 자신의 신앙을 잘 점검하는 것이 더욱 중요한 일이지만, 자신을 잘 살펴보기 위해서는 자신의 주위를 살펴보는 것도 매우 중요합니다. 오늘날 어떠한 교회가 환영을 받고 있습니까? 사람들은 어떠한 교회를 선호합니까? 어떠한 교인들이 존경을 받고 있습니까? 사람들이 어떠한 책에 열광하고 있습니까? 크고 웅장한 교회, 사람들을 흥미롭게 하고 사람들이 좋아하는 프로그램을 끊임없이 제공하는 교회, 세상에서 성공한 사람들을 훌륭한 신앙인으로 간주하는 현실, 그 사람들이 쓴 책들이 불티나게 팔리고 있는 현실을 보면, 오늘날 우리가 살고 있는 시대의 흐름을 짐작할 수 있습니다.

많은 사람들이 생각하기를, 이러한 시대의 흐름 속에서 개혁교회를 표방한다는 것은 매우 구시대적인 발상이라고 생각합니다. 또한 개혁교회를 촉구하는 목회자는 시대적 감각이 뒤떨어지고, 융통성이 없는 구시대적 인물이라고 이야기합니다. 개혁교회에 다니는 성도들조차도 이런저런 인맥 때문에 사람들이 선호하는 교회를 옮기지 못하고 있을 뿐이라고 이야기합니다. 그들은 개혁교회에 대해 이야기하기를, 하지 말아야 할 것들이 너무 많고, 자유롭지 않으며 심하게 억압을 하는 교회라고 비난합니다. 그러나 이러한 비난과 불평은, 교회를 다니기 싫어하는 불신자들이 주장하는 내용과 별반 다를 게 없습니다. 불신자들도 교회에 다니면 하지 못하게 하는 것이 많고, 억압하는 것이 많기 때문에 다니기 싫다고 이야기합니다. 이렇듯, 많은 성도들이 개혁교회를 세우는 일에 별반 관심을 갖지 않습니다.

개혁교회란?

개혁교회! (Reformed Church) 이 단어는 성경에 있는 단어는 아닙니다. 마치 삼위일체(Trinity)라는 말이 성경에 없듯이 개혁교회라는 말도 성경에 있는 말은 아닙니다. 이 개혁교회라는 말의 기원은 16세기로 거슬러 올라갑니다. 16세기 마틴 루터(Martin Luther)가 종교개혁을 단행하면서 북유럽을 중심으로 루터교회(Lutheran Church)들이 생기기 시작하였습니다. 그 때, 루터교회와 같은 종교개혁의 산물이지만, 루터교회와는 구별되는 개혁교회라는 말이 생겨나게 되었습니다. 즉, 쯔빙글리(Ulrich Zwingli)와 칼빈(John Calvin)을 따르는 사람들, 그들에게 영향을 받은 사람들, 북유럽 중에서도 화란, 제네바, 영국, 체코 보헤미안 지역에 있는 교회들을 가리켜 개혁교회라는 단어를 사용하기 시작하게 되었습니다. 이 개혁교회와 루터교회의 차이는 고린도후서 13장 8절 말씀과 밀접하게 관련되어 있습니다.

> *우리는 진리를 거스려 아무 것도 할 수 없고 오직 진리를 위할 뿐이니*
> (고후 13:8).

루터교회와 개혁교회는 성경에 대해 서로 다른 견해를 가지고 있습니다. 마틴 루터는 수도사였기 때문에, 수도사로서 중세교회의 관습과 정통에 깊이 젖어있었습니다. 그의 성경과 전통해 관한 관점은 다음과 같았습니다.

성경이 금하지 않는 한 전통은 구속력이 있다.

즉, 성경이 금하지 않는 한, 교회의 전통과 관습은 구속력을 가지고 있다는 말입니다. 즉, 교회는 전통에 순응하고 따라야 한다는 견해입니다. 종교개혁 당시, 로마 교회는 성경의 가르침보다 교회의 전통과 관습을 더 중요하게 간주하였습니다. 그렇기 때문에 교회의 가르침은, 전통성을 주장하는 교황에 의해 판단되어지고 구속되어질 수밖에 없는 위치에 있었습니다. 물론 마틴 루터도 이를 전부 동의하는 것은 아니었습니다. 그렇지만 그는 성경에 금하고 있지 않는 한 전통이 구속력을 가지고 있다는 주장을 하였고, 이로 인해, 오늘날 루터 교회는 로마 교회와 별로 다를 바 없는 모습으로 변질되어버리고 말았습니다. 이에 비하여, 쯔빙글리와 칼빈의 가르침을 중심으로 하는 개혁교회의 가르침은 다음과 같습니다.

성경이 명하지 않는 한, 전통은 구속력이 없다.

즉, 성경이 명하지 않는 한, 교회의 전통과 관습은 구속력을 가질 수 없다는 주장입니다. 다시 말해서, 교회의 전통에 순응하고 이를 따라야 할 이유가 없다는 것입니다. 개혁교회는 이렇게 정의할 수 있습니다.

개혁교회는 교회의 기초와 뼈대와 골격과 살이 모두 기록된
진리의 말씀에 준하는 교회이다

교회의 기초, 그 뼈대, 그 골격, 그 안에 채워져야 하는 살이 모두 기록된 하나님의 말씀에 근거한 것이 아니라면, 그 교회는 올바른 교회가 아닙니다. 사도바울이 이야기한, 우리는 진리를 거스려 아무것도 할 수 없고 오직 진리를 위할 뿐이라는(고후 13:8) 말은 이러한 의미를 가집니다. 물론 마틴 루터도 1521년 보름스 종교회의에서 '네가 지금까지 주장하고 있는 잘못된 가르침과 책에 기록한 모든 내용을 철회하라! 그렇게 하면 네가 살 것이고, 철회하지 않으면 너는 죽음을 피할 길이 없다!' 라는 위협 앞에서, 이렇게 단호하게 이야기했습니다. "나는 성경과 양심에 어긋나는 일을 할 수 없습니다. 내가 여기 섰나이다. 주여 나를 도우소서.(Hier stehe ich. Ich kann nicht anders. Gott helfe mir. Amen.)" 이 고백 때문에, 루터는 신성로마제국에서 추방당하였고, 누구든지 루터를 죽여도 죄가 되지 않는다는 선언을 받게 되었습니다. 마틴 루터의 이러한 정신은, 산헤드린 공회 앞에서 가르침을 철회하라는 요구를 받은 사도들이 "하나님 앞에서 너희 말 듣는 것이 하나님 말씀 듣는 것보다 옳은가 판단하라(행 4:19)" 라고 이야기하면서, 그리스도의 이름을 위하여 능욕 받는 일에 합당한 자로 여기심을 기뻐하며 공회 앞을 떠난(행 5:41) 사도들의 정신과 상통합니다. 이러한 사도들의 정신은 존 칼빈(Jong Calvin)의 가르침과 17세기 청교도들의 가르침에 유유히 흐르게 되었고, 오늘날 그 가르침을 따르고 있는 개혁교회의 근간이 되었습니다.

개혁교회는 성도의 삶과 교회의 모든 영역에서 기록된 말씀 밖으로 넘어가지 아니하는 길을 가는 ^(고전 4:6) 교회를 의미합니다. 세상이 어떻게 이야기하든, 다른 교회들이 어떠한 유행을 가지든, 개혁교회 성도들은 이러한 것들이 기록된 하나님의 말씀에 부합하는 것인지, 아니면 반대되는 것인지를 점검하고 확인해야 합니다. 말씀에 위배되는 것이라고 한다면, 그 것이 많은 사람들이 선호하고 좋아하는 것이라 할지라도 결코 수용해서는 안 됩니다. 그렇기 때문에, 개혁교회의 지도자들은 항상 진리의 말씀이 무엇을 이야기하고 있는지 점검하고, 말씀이 교훈하고 있는 것을 지키려고 몸부림쳐 왔습니다. 그런 위대한 신앙의 선배들과 비교해 보았을 때, 오늘 날 우리는 많은 면에서 부족합니다. 사도들과 종교개혁자들은 진리를 지키기 위하여 목숨을 버리는 것 까지도 두려워하지 않았지만, 우리는 현실적인 힘 앞에 쉽게 굴복하곤 합니다. 특별히 교회 전통이 가지는 힘에 잘 굴복합니다. 중세 시대에는 교회 전통의 권위가 성경보다 더 위에 있었기에, 전통에 반하는 일을 주장하거나 이를 가르치면, 이단으로 정죄하여 화형에 처하기도 하였습니다. 그럼에도 불구하고 우리의 믿음의 선배들은 거짓된 주장에 굴하지 않고, 화형대에서 목숨을 잃어가며 신앙을 지켰습니다. 오늘날에는 중세 시대와 같이 목숨을 내 놓는 일들이 없지만, 교회의 전통이라는 커다란 장벽 앞에, 그리고 교회의 흐름이라는 그 물결 앞에 진리의 말씀이 사장되어지는 일들이 수도 없이 많이 일어나고 있습니다.

개혁교회를 추구하고자 하여, 무언가를 개선하는 이야기를 하면, 당장 사람들의 입에서 튀어나오는 말은, 그 동안 오랜 시간동안 교회에서 해온 것을 왜 바꾸느냐는 말입니다. 또한 다른 교회에서도 관례적으로 다 하고 있는 것을 우리는 왜 하지 않느냐고 이야기합니다. 오랜 시간동안 지속해 왔던 것, 그 교회의 전통을 갑자기 바꾸려 할 때, 수많은 혼란이 야기될 것이라는 주장으로 인해, 하나님의 진리의 가르침을 둔화시키고, 저지하고 심지어 폐기하기도 합니다. 말로는 성경의 권위가 더 우월하다고 이야기하지만, 실제로는 교회의 전통과 관습을 성경보다 더 우월하게 간주하곤 합니다. 이것이 바로 현대판 교회 전통의 막강한 힘입니다. 이것이 바로 현대판 교권의 막강한 힘입니다.

우리는 신학적인 측면뿐만 아니라 실천적인 측면에서도 교회가 걸어가는 길과 성도들이 생각하고 행하는 삶의 방향이 하나님의 말씀에 순종하고 있는지, 그렇지 않은지를 곰곰이 생각하고 점검해야 합니다. 개혁교회는, 지금까지 관습적으로 지내온 종교적인 삶을 지양하고, 교회의 기초와 뼈대와 골격과 살이 모두 성경의 가르침으로부터 비롯된 교회입니다.

고려의 충신인 정몽주(鄭夢周:圃隱)를 회유하기 위하여 이방원(李芳遠:太宗)이 쓴 하여가(何如歌)와 이에 대응하여 정몽주가 쓴 단심가(丹心歌)를 보면, 개혁신앙과 다른 신학적 관점이 가지는 차이를 살펴볼 수 있습니다. 이방원은 이렇게 이야기 하였습니다.

> 이런들 어떠하리 저런들 어떠하리
> 만수산 드렁칡이 얽혀진들 어떠하리
> 우리도 이 같이 얽혀서 백년까지 누리리라

정몽주는 단호한 자신의 마음을 담아 단심가를 들려주었습니다.

> 이 몸이 죽고 죽어 일백 번 고쳐 죽어
> 백골이 진토되어 넋이라도 있고 없고
> 님 향한 일편단심이야 가실 줄이 있으랴.

오늘날 많은 교회들을 주관하고 있는 막강한 힘, 이 세상을 움켜쥐고 있는 막강한 권력은 이방원의 하여가에 비유할 수 있습니다. "이런들 어떠하며 저런들 어떠하냐? 우리가 다 함께 뒤섞여서 백년같이 사는 것이 좋지 아니하냐?" 라는 것입니다. "개혁교회면 어떠하고 아니면 어떠하냐? 칼빈주의면 어떠하고 알미니안주의면 어떠하냐? 보수주의면 어떠하고 진보주의면 어떠하냐? 장로교면 어떠하고 순복음교회면 어떠하냐? 이런 저런 것이 함께 얽혀져서 교회만 잘 되면 되지 아니하냐? 사람들이 많이 모이면 되지 아니하냐? 헌금 많이 나오면 되지 아니하냐? 세속적인 가치관에 따라, 교회도 장사가 잘 되면 좋은 것이고, 재정도 넉넉해지면 좋기 때문에 적당하게 알고 적당하게 하는 것이 좋지 아니하냐? 굳이 성경 말씀만을 고집할 필요가 있느냐? 누이 좋고 매부 좋은 길, 함께 가서 한 백년 잘 살아보는 것이 좋지 아니하냐?'

땅에 보물을 쌓아두기 보다는 하늘에 보물을 쌓아두고, 이 땅에 있는 가치관보다 하늘의 가치관을 더 중요시하라는 성경의 교훈 보다, 이렇게 하고 저렇게 한들, 이 땅에서 대접받으며 부와 영화를 누리며 복을 받는 것을 더욱 선호합니다. 그러한 교회에서는 어떠한 교인이 대접을 받습니까? 누가 칭찬을 듣습니까? 누가 한국 교회의 지도자로 나섭니까? 이름 없이 빛도 없이 말도 없이 하나님의 말씀으로 충실하게 교회를 지도해 나가는 사람들은 지도자로 나서지 못하고, 이 땅에서 보기에 웅장하고 화려한 일을 하는 사람들이 칭찬을 듣습니다. 일제 강점기 시절에 신사참배가 가결된 것도 이와 비슷한 경우입니다.

그러나 개혁교회는, 이러한 길에 반대되는 길을 기쁨으로 달려가는 교회입니다. 왜냐하면 그것이 진리이기 때문입니다. 주 예수 그리스도를 믿는 참된 성도는 이방원의 하여가를 부르는 사람이 아니라, 정몽주의 단심가를 부르는 사람입니다. "이 몸이 죽고 죽어 일백 번 고쳐 죽

어 백골이 진토되어 넋이라도 있고 없고 님 향한, 님을 향한 일편단심
이야 가실 줄이 있으랴!" 진리이신 그리스도를 향한! SOLUS
CHRISTUS! 오직 그리스도를 위하여! 오직 진리이신 그리스도를 위해
서! 진리인 하나님의 말씀을 위해서! SOLA SCRIPTURA! 그 진리를 향
한 나의 일편단심은 변함이 없다고 하는 것, 그것이 개혁교회 성도들의
외침입니다.

물론, 정몽주는 그리스도인은 아닙니다. 개혁교회가 가는 길을 설
명하기 위해서 예로 삼은 것 뿐, 이를 오해하지 마시기 바랍니다.

개혁교회 성도들은, SOLUS CHRISTUS! 오직 그리스도 때문에,
SOLA SCRIPTURA! 오직 진리인 성경 때문에, 세상에 모든 부귀영화
를 분토만도 못한 것으로 간주하는 사람입니다. 사람은 누구나 편한 것
을 추구하며 편하게 살고 싶어 합니다. 그러나 개혁교회는 편한 길을
추구하지 아니하고 옳은 길을 추구합니다. 쉬운 길을 가려고 나서는 것
이 아니라, 좁은 길이지만, 협착한 길이지만, 그것이 생명의 길이기 때
문에 그 바른 길을 가려고 덤벼드는 교회입니다.

왜 이 길을 가야하는가?

왜 이 길을 가야 하는가? 왜 개혁교회를 추구해야 하는가? 왜냐하면, 진리를 거스르는 것은 교회의 머리이신 그리스도를 거스르는 것이기 때문입니다. 이 길을 추구하지 아니하는 사람은 교회의 머리이신 그리스도를 대적하는 자이기 때문입니다. 개혁교회를 추구하는 이유는, 그 길이 우리를 죄 가운데서 구원하여 주신 예수 그리스도를 위한 길이기 때문입니다. 또한, '우리가 살아도 주를 위하여 살고 죽어도 주를 위하여 죽나니 그러므로 사나 죽으나 우리가 주의 것(롬 14:8)' 이기 때문입니다.

예수님께서 우리를 구원하여 주신 이유가 무엇입니까? 우리가 이 세상에서 부귀영화를 누리게 하시기 위함인 것이었습니까? 우리들이 이 땅에서 사람들에게 흠모의 대상이 되게 하기 위해서 우리를 구원해 주셨습니까? 우리를 이 땅에서 무병장수하도록 하시기 위해서 우리를 구원해 주셨습니까? 그렇지 않습니다. 성경은 이와 같이 말합니다.

저가 모든 사람을 대신하여 죽으심은 산 자들로 하여금 다시는 저희 자신을 위하여 살지 않고 오직 저희를 대신하여 죽었다가 다시 사신 자를 위하여 살게 하려 함이니라 (고후 5:15).

그리스도께서 십자가에 못 박혀 죽으신 이유가 무엇입니까? 그리스도께서 우리를 대신하여 자신의 몸을 내어주신 이유가 무엇입니까? 저가 모든 사람을 대신하여 죽으심은 산 자들로 하여금, 다시는 저희 자신을 위하여 살지 아니하고 오직 저희를 대신하여 죽었다가 다시 사신 자를 위하여 살게 하려 하셨기 때문입니다.

그렇다면 하나님께서 우리의 생명을 오늘도 연장시켜 주시는 이유는 무엇인가요? 어제 죽은 사람이 너무나도 살고 싶어 했던 오늘까지, 우리의 생명을 연장시켜주신 이유는 무엇인가요? 우리가 이 땅에서 더 많은 것을 누리고 더 좋은 것을 누리며 더 큰 것을 얻게 하기 위해서 우리를 살게 하시는 것인가요? 그렇지 않습니다. 우리가 살든지 죽든지 내 몸에서 그리스도가 존귀케 되어 지고(빌 1:20) 나를 대신하여 죽었다가 다시 사신 그 그리스도를 위하여 사는 길을 걷게 하시기 위함입니다. 이것이 개혁교회가 추구하는 가치입니다. 그리스도를 믿는 성도들이 추구해야 할 가치입니다. 다니엘이 바벨론 왕 느부갓네살이 차려준 진수성찬과 포도주로 자신을 더럽히지 아니하겠다고 그 뜻을 정하고 실천한 것처럼, 주님을 향한 우리의 일편단심은 가실 줄이 없어야 합니다. 그 당시 많은 사람들이 바벨론에 포로로 잡혀갔습니다. 많은 지혜로운 사람들도 포로로 잡혀갔습니다. 아마도 여러 사람들이, 이런들 어떠하고 저런들 어떠하냐며 그 나라 학문을 잘 배워서 그 나라 왕을 잠

섬기자고 이야기 하였을 것입니다. 그러나 다니엘과 그 친구들은 여호와의 계명을 지키기로 뜻을 정하였습니다. 건강한 것과 병들어 죽는 것, 부유한 자리에 이르는 것과 가난하게 사는 것, 높은 자리에 오르는 것과 멸시받는 자리에 있는 것은 다니엘과 그 친구들에게 있어 관심 밖의 일이었습니다.

> *그리 아니하실찌라도 왕이여 우리가 왕의 신들을 섬기지도 아니하고 왕의 세우신 금 신상에게 절하지도 아니할 줄을 아옵소서* (단 3:18).

다니엘뿐만 아니라 모세, 선지자들, 사도들, 칼빈을 비롯한 종교 개혁자들, 청교도들과 같은 믿음의 선진들에게서 찾을 수 있는 공통점은 주님을 향한 충성심입니다. 세상의 부귀영화를 바라지 아니하고 오로지 주인의 영광을 위하여 기꺼이 목숨을 내어 던진 사람들이었습니다. 그들에게 있어서 사람의 제일 되는 목적은 하나님을 영화롭게 하고 그 이름을 영원토록 즐거워하는 것이었습니다.

위에서 이야기한 바, 개혁교회는 하지 않는 것이 많기 때문에 많은 사람들이 부정적인 입장을 취하고 있다고 하였습니다. 다른 교회들이 하는 것을 개혁교회가 하지 않는 이유는 진리이신 주를 위하여 하지 않는 것이고, 무언가를 하는 이유도 주를 위하기 때문입니다. 개혁교회가 하지 않는 것이 있지만, 그보다 더 중요한 사실은, 개혁교회가 하는 것이 있다는 사실입니다. 즉, 다른 교회와 달리 개혁교회에서 하는 것이 있습니다. 그것은 진리를 사랑하는 것입니다.

진리를 위하여 목숨을 버리고, 일편단심 변함이 없이 수고하는 것은 절대로 불행한 것이 아닙니다. 주일에 하나님 앞에 나와 예배하고 주님의 말씀을 배우고 주일을 거룩히 지키는 것은 매우 행복하고 즐거운 것입니다. 주일날 직장에 가야하고, 동료들과 술자리에 어울려야 하고, 불법과 부정이 관행처럼 이루어지고 있는 사회에서 그들과 같이 사는 것은 매우 괴롭고 고통스러운 일입니다. 성경에서 교훈하고 있는 것을 순종하고 지키는 것은 그리스도인에게 있어 자유로운 것이고 행복한 것이고 즐거운 것입니다. 오히려 그렇게 하지 못하는 것이 고통이고 아픔이고 속상한 것입니다.

왜 주일을 거룩하게 지켜야 하는 것인가요? 왜냐하면, 주일을 거룩하게 지키라고 하나님께서 명령하셨기 때문입니다. 모든 날이 하나님께 속해 있지만, 하나님께서는 특별히 한 날을 구별하여 그 날을 기억하고 거룩히 지키라고 명령하셨기 때문입니다. 그래서 주일에 장사를 하면 안 되고, 직장에 가면 안 되는 것입니다. 이런들 어떠하고 저런들 어떠한 것이 아닙니다. 우리의 헌법이라고 할 수 있는 장로교 예배 모범에 보면, 주일을 어떻게 보내야 되는지 다음과 같이 기록되어 있습니다.

1장 주일을 거룩히 지킬 것

1. 주일을 기념하는 것은 사람의 당연한 의무이니 미리 육신의 모든 사업을 정돈하고 속히 준비하여 성경에 가르친 대로 그 날을 거룩히 함에 구애가 없게 하라

2. 이 날은 주일인즉 종일토록 거룩히 지킬지니 공동 회집으로나 개체로 예배하는 일에 씀이 옳으며 종일토록 거룩히 안식하고 위급한 일밖에 모든 사무와 육신적 쾌락의 일을 폐할지니 세상염려와 속된 말도 금함이 옳다

3. 먹을 것까지라도 미리 준비하고 이날에는 가족이나 집안 사환으로 공동 예배하는 일과 주일을 거룩히 함에 구애가 되지 않도록 함이 옳다

4. 주일 아침에는 개인으로나 혹 권속으로 자기와 다른 사람을 위하여 기도하되 특히 저희 목사가 그 봉직하는 가운데서 복 받기를 위하여 기도하고 성경을 연구하며 묵상함으로 공동 예배에 하나님과 교통하는 것을 준비하라

5. 개회 때부터 일심 단합함으로 예배 전부에 참여하기 위하
   여 정한 시간에 일제히 회집함이 옳고 마지막 축복 기도할
   때까지 특별한 연고 없이는 출입함이 옳지 않다

6. 이와 같이 엄숙한 태도로 공식 예배를 마친 후에는 이날 남
   은 시간은 기도하며 영적 수양서를 읽되 특별히 성경을 공
   부하며 묵상하며 성경 문답을 교수하며 종교상 담화하며
   시편과 찬송과 신령한 노래를 부를 것이요 병자를 방문하
   며 가난한 자를 구제하며 무식한 자를 가르치며 불신자에
   게 전도하며 경건하고 사랑하며 은혜로운 일을 행함이 옳
   다

진리이신 하나님의 말씀에 순종하는 것은 우리들에게 큰 영향을 미칩니다. 말씀에 순종하는 이유는 주님의 말씀하신 것을 들어야 하기 때문만이 아니라, 그로 인해 우리의 운명이 좌우되기 때문입니다. 마태복음 7장 21절에서 이와 같이 말씀하십니다.

나더러 주여 주여 하는 자마다 천국에 다 들어갈 것이 아니요 다만 하늘에 계신 내 아버지의 뜻대로 행하는 자라야 들어가리라(마 7:21).

주여 주여 한다고 해서, 개혁교회에 다닌다고 해서 모두 천국에 들어가는 것이 아닙니다. 하늘에 계신 내 아버지의 뜻대로 행하는 자라야 천국에 들어가리라고 말씀하셨습니다. 그리고 그 다음 구절, 이 구절을 잘 보시기 바랍니다.

> 그 날에 많은 사람이 나더러 이르되 주여 주여 우리가 주의 이름으로 선지자 노릇하며 주의이름으로 귀신을 쫓아 내며 주의 이름으로 많은 권능을 행치 아니하였나이까 하리니 (마 7:22).

이 말씀은 우리의 마음을 너무 아프게 합니다. 그리고 두렵게 합니다. 그 날에 많은 사람들이 있다고 합니다. 적은 사람들이 아닙니다. 그 많은 사람들이 주님에게 이야기합니다. "주여 주여 우리가 주의 이름으로 선지자 노릇했습니다. 주의 이름으로 귀신을 쫓아냈습니다. 주의 이름으로 큰 권능을 행했습니다. 왜 이러한 것들을 알지 못하십니까?" 주님의 대답은 23절에 이어집니다.

> 그 때에 내가 저희에게 밝히 말하되 내가 너희를 도무지 알지 못하니 불법을 행하는 자들아 내게서 떠나가라 하리라 (마 7:23).

내가 너희를 도무지 알지 못하노라. I do not know you at all!

우리는 아마, 이렇게 외칠지 모릅니다.

"왜 알지 못하십니까? 내가 주의 이름으로, 내가 주의 이름으로 귀신을 쫓아냈습니다. 내가 주의 이름으로 많은 업적을 남겼습니다. 그런데 왜 당신이 나를 모른다고 하십니까? 내가 나의 이름으로 한 것이 아닙니다. 내가 나 자신을 위해서 한 것이 아닙니다. 내가 주님의 이름으로 하였습니다."

그러나 주님의 판단은 하나입니다. "내가 너희를 알지 못한다. 왜냐하면 너희는 불법을 행하는 자이기 때문이다." 불법을 행하는 자들, 원어로 아노미아(ἀνομία)라고 하며, 그 의미는 불법의 사람(The man of lawlessness)입니다. 즉, 하나님의 말씀대로 하지 않는 것을 의미합니다. 이 사람들이 주님의 이름으로 선지자 노릇하고 말씀을 전한 것들은 거짓이 아닙니다. 그들은 정말로 그렇게 하였습니다. 그들은 주님의 이름으로 귀신을 쫓아냈습니다. 그들은 주님의 이름으로 많은 업적을 남긴 것이 틀림없습니다. 그런데 주님께서는 그들을 모른다고 말씀하십니다. 그 이유는, 그들이 하나님의 기록한 말씀대로 하지 아니하였기 때문입니다.

주님의 말을 듣고 행하는 자는 그 집을 반석 위에 지은 지혜로운 사람입니다(마 7:24). 그 집에 비가 내리고 창수가 나고 바람이 불어 그 집에 부딪힙니다. 하나님의 기록된 말씀 위에 서 있는 교회, 하나님의 기록된 말씀에 메어있는 성도, 하나님의 기록된 말씀을 붙들고 살아가는 성도, 그 말씀을 지키기 위해 힘을 다하는 그런 성도에게는 수많은 환란과 핍박이 닥치게 됩니다. 시편 기자가 외쳤던 것처럼, 대적이 너무도 많고 일어나 치는 자가 많습니다(시 3:1). 개혁교회에는 너무도 많은 핍박이 있습니다. 수많은 사람들이 조롱하며 대적합니다. 그러나 그러한 풍랑이 미칠지라도, 하나님께서 말씀하시기를, 그 주초를 반석 위에 놓은 연고로 무너지지 아니한다고 하십니다. 또한 하나님의 말씀대로 행치 아니하는 자에게 그와 같은 일이 닥치게 되면, 그 집이 맥없이 무너지매 무너짐이 심하다고 하십니다.

마태복음 7장 21~23절 말씀은 참으로 두려운 말씀입니다. 다른 것이 두려운 것이 아니라, 불법적으로 해도 선지자 노릇이 가능하다는 것 때문입니다. 불법적으로 해도 귀신이 쫓겨 나갑니다. 불법적으로 해도 엄청난 업적을 이룹니다. 불법적으로 해도 큰 교회를 세웁니다. 불법적으로 해도 많은 사람들에게 능력을 베풀 수 있습니다. 그런데 마지막 날, 교회의 머리되신 그리스도께서 우리의 행한 모든 것을 판단하실 때, 어느 누구도 항소할 수 없는 정확한 판결을 내리실 것입니다. 기록된 말씀대로 행하지 않았다고 한다면, 주께서 우리에게 가르쳐주신 진리의 말씀대로 행하지 않았다고 한다면, 천국에 들어갈 수 없는 것이 명백합니다.

　우리나라에 사는 국민이, 이 나라에서 살 때, 헌법, 형사법, 민사법 등을 모른다고 해서, 우리나라 국민으로 살 수 없는 것은 아닙니다. 그러한 법의 자세한 내용들을 몰라도, 대한민국 시민으로 살아가는데 지장이 없습니다. 그러나 예를 들어 국세청에서 세무조사를 실시하고, 검찰, 경찰이 위법한 내용이 있는지 면밀히 조사해보면, 위법한 내용이 발견될 수도 있습니다. 이와 마찬가지로, 세상을 살아갈 때에, 하나님의 진리의 말씀을 옳게 분별하지 못해도 신앙생활을 하는데 아무런 지장이 없습니다. 그러나 문제가 발생할 때, 즉 우리의 모든 일이 판단되어지는 날이 오면, 법에 의하여 판단 내려질 때, 그 법을 알고 있었는지 모르고 있었는지는 중요하지 않습니다. 다만, 기록된 법의 조항들을 가지고 판단이 내려지게 될 뿐입니다. 이와 같이, 하나님께서 우리들을 판단하실 때, 진리의 말씀을 잘 알지 못한 것, 성경을 잘 읽지 못한 것을 기준으로 하여 판단하시지 않습니다. 교회를 열심히 다닌 것으로 천국에 들어가도록 허락하시지 않습니다. 주님께서 말씀하신대로, 하늘에 계신 내 아버지의 뜻대로 행하는 자가 천국에 들어가는 것입니다. 하나님 아버지의 뜻은 바로 기록된 말씀을 의미하는 것입니다. 하나님께서 마지막에 판단하실 때, 기록된 말씀을 가지고 판단하신다는 것입니다.

왜 개혁교회를 추구하는가? 진리에 충실하기 위함이다.

개혁교회를 추구하는 이유는, 개혁교회가 진리에 충실하고자 하기 때문입니다. 개혁교회는 완벽한 교회는 아닙니다. 완벽한 교회이기 때문에 이를 추구하는 것이 아닙니다. 세상에는 완벽한 교회가 없습니다. 그러나 개혁교회는 진리에 충실하고 기독된 말씀에 충실하고자 애쓰는 교회입니다. 개혁교회는 사람들의 의견이나 교회의 전통이나 교회의 성공의 결과에 의해서가 아니라, 기록된 진리의 말씀에 충실하고자 노력하는 교회입니다. 오직 진리를 위하여 가는 그 길이 사람들에게 손가락질 당하고, 같은 믿는 사람들로부터 존중을 받지 못하고, 때로는 고달프고 손해를 보고 심지어 죽음에 이르는 위협을 당하는 길이라 할지라도, 그것이 영원한 진리를 따르는 것이기에 포기할 수 없는 것입니다.

모세는 진리 때문에 하나님의 백성들과 함께 고난당하는 것을 이집트 바로 공주의 아들이라고 칭함을 받는 것보다 더 좋아했습니다. 진리이신 그리스도 때문에 능욕 받는 것을, 사람들에게 비난받고 조롱당하는 것을, 고통을 겪고, 때로는 죽음을 향하는 것이라 할지라도, 그것을 강대국인 이집트의 수많은 보물을 취하여 누리는 것 보다, 땅에 있는 보화보다 더 큰 재물로 여겼으니 이는 상 주시는 주님을 바라보았기 때문입니다.

교회가 추구해야 할 길은, 사람들의 의견을 따르는 길이 아닙니다. 사람이 살 길은, 그들의 편리와 안일함을 추구하는 것에 있지 않습니다. 오직 교회의 머리이신 그리스도의 뜻을 전폭적으로 의지하는 자는 영원히 살 것입니다. 그러나 그리스도의 뜻과 상관없이 자신의 느낌, 자신의 생각, 자신의 편의성, 자신의 안이함을 추구하고 자신의 유익을 추구하기 위해서, 그리스도를 하나의 방편으로, 목적을 이루기 위한 수단으로 간주한다면, 마지막 날 주님이 그 사람을 알지 못한다고 하실 것입니다.

사람들이 어떻게 생각하는지, 이 사회가 교회를 어떻게 생각하는지, 주변 사람들이 자신을 어떻게 생각하는지, 이러한 것들은 중요한 것이 아닙니다. 기록된 말씀이 자신을 어떻게 비추고 있는지, 자신이 어떠한 모습으로 비춰지고 있는지, 이러한 것들이 중요한 것입니다. 많은 사람들이 그리스도를 수단으로 삼고 있습니다. 자신이 땅에서 부귀영화와 무병장수를 누리기 위한 수단으로 삼고 있습니다. 하나님께서 자신에게 그러한 복을 주지 않으면 하나님을 부인하곤 합니다. 그러나 진정한 그리스도인은, 개혁교회 성도들은, 자신이 건강하지 못해도, 자신의 손에 있는 것이 많지 않아도, 무화과나무가 무성치 못해도, 포도나무에 열매가 없어도, 감람나무에 소출이 없어도, 밭에 식물이 없어도, 우리에 양이 없어도, 외양간에 소가 없어도, 여호와를 인하여 즐거워하시길 바랍니다. 구원의 하나님을 인하여 기뻐하시기 바랍니다. 이것이 개혁교회입니다. 이것이 개혁신앙을 따르는 성도의 길입니다.

기록된 하나님의 뜻에 부합하는 진리에 합당한 교회와 성도들이 되시기를 소망합니다.

하나님 중심의 교회(1)

나는 여호와니 이는 내 이름이라 나는 내 영광을 다른 자에게,

내 찬송을 우상에게 주지 아니하리라

[사 42:8]

인간의 몸을 구성하는 여러 지체들은 모두 몸에 붙어 있습니다. 이 사실을 다르게 말하여, 몸이 지체에 달라붙어 있다고 이야기할 수 없을 것입니다. 왜냐하면, 몸은 지체가 없어도 생명유지가 가능한데 비해, 지체는 몸이 없으면 생명을 유지할 수 없기 때문입니다. 예를 들어, 손가락 다섯 개가 정상적으로 붙어있는 팔은 그 자체로 완벽한 팔 이라고 이야기할 수 있지만, 그 팔이 몸에 붙어 있지 않으면 쓸모없는 팔이 됩니다. 교회는 그리스도의 몸입니다. 그리스도의 몸인 교회는 그 지체인 성도들을 붙들고 있습니다. 지체가 몸을 떠나면 생명을 유지할 수 없듯이, 성도는 그리스도의 몸인 교회를 떠나서는 생명을 유지할 수 없습니다.

그리스도의 몸인 교회는 말씀 중심의 교회입니다. 이 말씀은 하나님과 그의 아들 예수 그리스도를 가르쳐줍니다. 따라서 교회는 하나님 중심의 교회가 되어야 합니다. 개혁교회의 특성으로, 이 하나님 중심의 교회가 의미하는 바가 무엇인지 이야기 하고자 합니다.

하나님 중심의 교회라는 말을, 교리적인 구호로만 생각하면 안 됩니다. 교회 구성원들의 모든 삶의 양식이 하나님 중심의 삶이어야 한다는 말로 이해해야 합니다. 교회는 사람들의 모임입니다. 그러나 일반적인 사람들의 모임이 아니라, 예수 그리스도께서 그 피로 값 주고 죄와 허물 가운데에서 산 그의 백성들, 하나님의 자녀가 된 거룩한 백성들의 모임입니다. 그렇기 때문에 성도들의 삶의 근간은 하나님의 말씀을 기초로 하고 있으며, 성도들의 삶의 방향과 목적은 이 말씀을 제시하시는 하나님을 향하고 있습니다.

세상에는 협회나 정당이나 클럽 등 여러 조직들이 있습니다. 이러한 여러 조직들은 활동하는데 있어 조직원들의 의견이나 생각을 매우 중요시 여깁니다. 정치를 하는 정치인 역시, 자신의 정치 철학과 신념을 강조하지만 국민들에게 지지를 받는 것을 더욱 중요시 여깁니다.

그러나 교회는 이러한 세상의 많은 조직들과는 다릅니다. 교회는 구성원들의 생각과 의견을 바탕으로 활동하는 조직이 아닙니다. 세상의 많은 조직들은, 그 구성원들의 의견을 중요시 여기는데, 교회는 그렇지 않습니다. 사람의 팔이 움직이는 것은 팔의 의지에서 비롯된 것이 아니고, 머리에서 내리는 명령에 의해서 움직이게 되는 것입니다. 이와 마찬가지로, 그리스도의 몸인 교회는 머리이신 그리스도께서 말씀하시는 것, 교회의 주인이신 하나님께서 말씀하시는 것을 가장 우선시여기는 기관입니다. 교회 구성원들의 의견이 매우 훌륭하고, 많은 구성원들이 원하는 것이라 하더라도, 하나님의 말씀에 비추어 볼 때 옳지 않은 것이라면, 이를 따를 수 없는 것입니다. 교회는 신본주의 공동체이므로, 세상의 많은 이익집단들, 인본주의적 공동체와는 차이가 있습니다. 교회는 그 구성원이 자신의 의견을 존중히 여겨달라고 항변할 수 있는 곳이 아니라, 교회의 머리이신 그리스도가 말씀하시는 것이 무엇인지, 하나님께서 말씀하시는 것이 무엇인지를 듣는 곳입니다. 이러한 의미에서 교회는 하나님 중심이어야 하고, 그리스도 중심이어야 합니다. 이를 라틴어로 표현할 때, SOLI DEO GLORIA, 오직 하나님의 영광을 위한 교회여야 함을 지적하는 것입니다.

요한복음 15장 5절에서 예수님께서는 이렇게 이야기하셨습니다.

나는 포도나무요 너희는 가지니 저가 내 안에, 내가 저 안에

있으면 이 사람은 과실을 많이 맺나니 나를 떠나서는 너희가 아무것도 할 수 없음이라(요 15:5).

나를 떠나서는 너희가 아무것도 할 수 없다고 말씀하셨습니다. 즉, 가지가 나무에 붙어있을 때, 열매를 맺을 수 있지만, 가지가 나무에서 떨어져 나오면 아무것도 할 수 없다는 말입니다. 나무에서 떨어져 나오면 불쏘시개가 될 뿐입니다. 성도가 그리스도를 떠날 수 없는 이유는 바로 여기에 있습니다. 그리스도를 떠나면, 사망에 이르게 하는 죄를 지을 수밖에 없습니다. 그렇기 때문에 교회는 철저히 하나님 중심이어야 합니다.

SOLI DEO GLORIA! 오직 하나님께 영광이!

하나님 중심적인 교회라는 것이 의미하는 것은 무엇일까요? 이를 네 가지 측면으로 나누어볼 수 있습니다. 그 중에 첫 번째 SOLI DEO GLORIA에 대해서 이야기하겠습니다.

교회는 하나님의 영광을 위해서 존재합니다. 그 교회의 구성원들도 모두 하나님의 영광을 위해서 존재합니다. 이사야 42장 8절에서 하나님께서는 "나는 여호와니 이는 내 이름이라 나는 내 영광을 다른 자에게, 내 찬송을 우상에게 주지 아니하리라(사 42:8)."라고 말씀하셨습니다. 하나님께서는 자신의 영광을 다른 어떤 피조물에게도 허용하지 않습니다. 하나님께서 말씀하시기를, "나는 너희 하나님이 되겠고, 너희는 내 백성이 되리라(렘 7:23 中)."라고 이야기한 바와 같습니다. 물론, 예수님께서는 "너희를 친구라 하였노니(요 15:15 中)"라고 말씀하셨지만, 하나님께서 누리는 영광을 함께 누리자고 말씀하시지 않으셨습니다. 하나님의 영광은 오직 하나님에게 그 초점이 맞춰져 있는 것이지, 그 영광의 부스러기라도 우리가 취하도록 용납되어지지 않습니다. 그래서 사도바울은 고린도전서 10장 31절에서 이렇게 이야기하였습니다.

> 그런즉 너희가 먹든지 마시든지 무엇을 하든지 다 하나님의 영광을 위하여 하라(고전 10:31).

기본적으로, 인간에게 가장 필요한 것은 먹고 마시는 것입니다. 사람은 태어나는 순간부터 옷을 달라고 하지 않습니다. 집을 달라고 하지 않습니다. 아기가 태어나자마자 자동차가 필요하다고 요구하지 않습니다. 태어나자마자 하는 것은 엄마 젖을 빠는 것입니다. 왜냐하면 인간에게 절실하게 필요한 것은, 먹는 것이기 때문입니다. 사회에서도 사람의 먹는 문제가 해결되어지지 않으면, 폭동이 일어나기도 하고, 싸움이 일어나기도 합니다. 하나님께서 인간에게 요구하시는 것은, 이토록 가장 기본적인 일에서부터 하나님의 영광을 위해서 하라는 말씀입니다. 사람이 먹는 이유는 무엇입니까? 세상에 속한 사람들은 살기 위해서 먹는다고 이야기합니다. 그러나 그리스도를 믿는 사람들은 살기 위해서 먹는 것이 아니라, 하나님의 영광을 위해서 먹는다고 이야기해야 합니다. 마시는 것도 하나님의 영광을 위해서 마시는 것입니다. 음식을 앞에 두고 기도하는 이유는 무엇인가요? "하나님, 내가 이 음식을 먹고, 살아도 주를 위하여 살고 죽어도 주를 위하여 죽게 하옵소서."라고 기도하는 것입니다.

간혹 교회를 다니면서도, 이런저런 핑계를 대며 술을 좋아하는 사람들이 있습니다. 그런 분들에게 권하는 바, 술을 마시면서 "하나님, 내가 이 술을 마시고, 주를 위해서 살게 해 주옵소서." 라고 기도할 수 있으면, 술을 마셔도 상관없습니다. 담배를 피우는 사람들도, "하나님, 내가 이 담배를 피움으로 더 건강을 유지하여, 하나님의 영광을 위해 살게 하옵소서." 라고 기도할 수 있으면, 담배를 피우세요. 그런데 아무리 생각해봐도, 술 마시면서 하나님의 영광을 위해 사는 것은 힘겨울 것 같다는 생각이 듭니다. 담배를 피며, 건강을 해치는 것은, 하나님의 성전이라고 한 몸을 해치는 것이므로, 옳지 않다고 생각을 합니다. 성경은, 이러한 먹고 마시는 것에서 그치지 않고, '무엇을 하든지' 라고 이야기합니다. 사람은 무엇인가를 합니다. 공부하는 학생은 공부를 하고,

직장 생활을 하는 사람은 직장 생활을 하고, 사업을 하는 사람은 사업을 하고, 엄마는 아이 키우는 일을 하고, 청소부는 청소를 하고, 운전수는 운전을 하고, 옷을 만드는 사람은 옷을 만들고, 예술을 하는 사람은 예술 활동을 하고, 어떠한 일을 하든지, 인간이 하는 모든 일은 하나님의 영광을 위해서 하는 것이 되어야 합니다. 손을 움직이는 것, 눈으로 바라보는 것, 코로 냄새 맡는 것, 발로 움직이는 것 등 모든 일들을 다 하나님의 영광을 위해서 해야 합니다.

하나님의 영광을 위하여 사는 삶

그렇다면, 하나님의 영광을 위해서 한다는 것은 무슨 의미일까요? 하나님의 영광을 위해서 사는 것은 무엇을 의미할까요? 이는 세 가지 의미가 있습니다. 그 중 한 가지는 부정문이고, 두 가지는 긍정문입니다. 이는 다음과 같습니다.

첫 째로, 그리스도 외에는 아무것도 자랑하지 않는 것입니다. 가지고 있는 재물, 능력, 외모 등 가지고 있는 것이 무엇이든 자랑하지 않는 것입니다. 오직 그리스도와 하나님 외에는 자랑하지 않는 것을 의미합니다. 그런데 사람들은 어떻게 행동합니까? 대체로 자랑하고 싶어 합니다. 사람들은, 자랑할 것이 있으면 자랑하고 싶어 합니다. 그래서 자신과 관련된 모든 것들을 자랑하고 싶어 합니다. 성경에도 그런 인물들이 많이 등장합니다. 그 예를 하나 살펴보면, 다니엘서에 나오는 느부갓네살 왕을 살펴볼 수 있습니다. 솔로몬을 제외하고, 인간의 역대 임금들 중, 가장 많은 부와 영화를 누린 최고의 권력자를 뽑는다면, 느부갓네살 왕을 뽑을 수 있을 정도입니다. 그는 127도를 지배했습니다. 우리나라는 8도로 이루어졌다고 하고, 미국은 51개주로 이루어져있다고 하는데, 느부갓네살 왕은 127개의 도를 지배하였습니다. 그 이룬 업적이 대단히 많아서, 그 영화를 뽐냈기에, 하나님께서 그를 치셨습니다. 그래서 그는 7년 동안 들의 들짐승처럼 기어 다니며 풀을 뜯어 먹고 사는 그런 비참한 생활을 하였습니다. 물론 나중에는 회개하고 돌이켜서 하나님께 다시 돌아왔고, 하나님께서 회복시켜주시는 것을 경험하였습니다. 이렇듯, 하나님께서는 우리 자신을 뽐내는 것을 기뻐하지 아니하십니다.

성도들이 반드시 기억해야 하는 것은, 성도는, 자기 자신을 자랑하기 위해 사는 것이 아니라는 사실입니다. 신약 시대의 헤롯왕도 살펴보자면, 그는 자신을 위해서 헤롯 성전을 짓는, 세상 사람들의 기준으로 볼 때, 매우 훌륭한 사람이었습니다. 많은 사람들이 그의 업적을 칭송하고 명성을 드높였습니다. 그가 신이라는 이야기도 있었습니다. 그러나 그런 헤롯은 하나님께 영광을 돌리지 아니하고 자기를 뽐내다가,

벌레가 먹어서 죽게 되었다고 성경은 기록하고 있습니다(행 12:23). 하나님께 영광을 돌리는 것은, 자기 자신을 자랑하거나 내세우고 싶어 하는 모든 욕망을 제거하는 것입니다. 나는 벌레만도 못한 자요 구더기만도 못한 존재라는 것을 겸손히 인지하는 것입니다. 왜냐하면 자신이 이룬 업적이나 자신이 가진 재주나 능력이 어떠하든, 자신의 주변에 있는 것들이 아무리 탁월하다 할지라도, 두 가지 이유 때문에 자랑해서는 안 됩니다. 이는 그 모든 것들이 지나가는 것들이기 때문이고, 두 번째는, 그 모든 것들이 다 빛들의 아버지이신 하나님께로부터 온 것을 누리는 것이기 때문인 것입니다.

30년 전 정도에, 영국의 수상은 마가렛 대처였습니다. 그녀는 철의 여인이라고도 불립니다. 그녀는 영국의 위기를 극복하고 영국을 매우 강성하게 만든 수상이었습니다. 그런데 그녀가 지금은, 치매 증상으로 고통가운데 있는, 아무 것도 할 수 없는 사람이 되었습니다. 권력, 지적 능력, 재주 이 모든 것들은 다 사라지는 것입니다. 잠시 있는 것일 뿐입니다. 잠시 가지고 있는 것이기에 자랑할 이유가 없습니다. 오늘 재물이 있다고 해서 내일도 있을 것이라고 아무도 장담하지 못합니다. 오늘 건강하다고 해서 내일도 건강하다고 아무도 이야기할 수 없습니다. 이 모든 것은 지나가는 것입니다. 더군다나 이 모든 것들이 다 빛들의 아버지이신 하나님께로부터 오는 것인데, 하나님께로부터 받은 것 가지고 누리면서, 누가 잘났느니 하고 이야기하는 것은 매우 어리석은 일입니다. 모든 것의 주인이신 하나님을 높이지 않고, 유한한 존재인 인간이 자신을 자랑하고 뽐내는 것은 스스로 무덤을 파는 행위와 다를 바가 없는 것입니다. 이러한 의미에서, 개혁교회에서는 사람을 높이는 일을 하지 않도록 노력합니다. 특별히 하나님을 예배하는 시간에는 더욱 그렇습니다. 물론 칭찬을 하지 말라는 말은 아닙니다. 성경은, 수고하고 땀 흘린 자들을 알아주라고 권면합니다. 그들의 수고와 헌신에 감사와 고마움을 표현해야 한다고 가르칩니다. 성경은 도리어 그러한 자들을 배나 존경할 자로 또 그보다 더 존경할 자라고 이야기합니다. 그러나 그러한 칭찬이 하나님을 영화롭게 하는 일을 가리는 것이 되면 안 됩니다. 즉, 전적으로 하나님께 영광이 되어야 하는 것입니다.

이렇게 하나님께 영광을 돌리는 일을 하는 이유는 무엇일까요? SOLA GRATIA. 오직 은혜, 즉, 하나님의 은혜 때문입니다. 자신의 모습은, 자신의 재주 때문이 아니고, 좋은 부모님을 만났기 때문이 아니고, 자신의 탁월한 능력 때문이 아니라, 하나님의 은혜 때문이라고 고백하는 것입니다. 이러한 모습이 개혁교회 성도의 모습입니다. 입에 발린 말을 하는 것이 아니라, 진심으로 자기 자신을 낮추는 사람, 그러한 사람이 하나님 앞에서 높임 받는 것입니다. 예레미아서 9장 23-24절에는 다음과 같이 이야기합니다.

여호와께서 이같이 말씀하시되 지혜로운 자는 그 지혜를 자랑치 말라 용사는 그 용맹을 자랑치 말라 부자는 그 부함을 자랑치 말라 자랑하는 자는 이것으로 자랑할지니 곧 명철하여 나를 아는 것과 나 여호와는 인애와 공평과 정직을 땅에 행하는 자인 줄 깨닫는 것이라 나는 이 일을 기뻐하노라 여호와의 말이니라

세상에는 지혜롭지 않은 사람들이 많습니다. 그러한 사람들 가운데, 자신이 많은 것을 배우고, 생각하여, 지혜롭게 되었다고 하는 것은 매우 자랑할 만한 일입니다. 이 땅에 가난한 사람들이 매우 많은데, 자신이 부유해 졌다는 것은 매우 자랑할 만한 일입니다. 그래서 좋은 집을 사기도 하고, 좋은 차를 사기도 합니다. 좋은 옷들을 입기도 합니다. 자신의 부유함을 자랑하기 위하여 이러한 일을 합니다. 많은 사람들이 적군 앞에서 벌벌 떨고 있는데, 그 적들에 맞서서 용맹하게 싸우는 사람들의 용감함은 참으로 자랑할 만한 일입니다. 직장에서 세운 업적 때문에, 자신의 직위와 봉급이 올라가는 것을 과시하고 싶은 욕망, 그러한 욕망이 우리에게 있습니다. 그런데 개혁교회 성도는, 그러한 욕망이 있는 자기 자신을 드러내고 싶은 마음이 있더라도, 그러한 욕망을 제거하고 자신의 모든 것이 하나님의 은혜라고 고백하는 성도입니다. 그래서 사도바울은 고린도교회에게 이렇게 이야기하였습니다.

너희는 하나님께로부터 나서 그리스도 예수 안에 있고 예수는 하나님께로서부터 나와서 우리에게 지혜와 의로움과 거룩함과 구속함이 되었으니 기록된바 자랑하는 자는 주 안에서 자랑할지니라 (고린도전서 1:30-31).

우리는 아무것도 아닙니다. 죄와 허물로 죽은 자입니다. 지옥에 빠질 자들입니다. 그런 우리들인데, 우리들이 하나님께로부터 나서 그리스도 예수 안에 있고, 예수는 하나님께로서부터 나와서 우리에게 지혜와 의로움과 거룩함과 구속함이 되었으니, 자랑하는 자는 주 안에서 주님만을 자랑해야 하는 것입니다. 자신을 자랑하는 교만은 폐망의 선봉입니다. 자랑하지 마세요. 할머니들은 손주 자랑하지 마세요. 며느리 잘 봤다고 자랑하지 마세요. 사위 잘 봤다고 자랑하지 마세요. 예수님만 자랑하시길 바랍니다. 그것이 개혁교회 성도들의 모습입니다. 개혁교회는 유명한 사람이 있는 것으로 자랑하는 교회가 아닙니다. 개혁교회는 그리스도의 교회입니다. 그리스도만을 드러내는 교회, 그리스도만을 자랑하는 성도가 되시기를 소망합니다.

둘째로, 하나님의 영광을 위해서 사는 방법은, 하나님만을 기쁘시게 하는 것입니다. 하나님의 영광을 위해 산다는 것은, 어떠한 일을 할 때, 하나님이 기뻐하시는 일인지, 아닌지를 먼저 생각하는 것입니다.

우리들의 생각하는 것, 행동하는 것, 말하는 것 등 모든 것의 판단 기준은 하나님께서 기뻐하시느냐 아니냐는 것입니다. 우리는 그리스도 안에서 새 사람이 되었다고 이야기합니다. 이 말은, 그리스도인이 되기 전에는 자기 자신만을 위해서 살아왔다는 것입니다. 이 전에는 자신을 기쁘게 하기 위해서, 자신의 만족, 자신의 성취감을 위해서 살았습니다. 이러한 것들은 모두 자신과 관련된 부분입니다. 그런데, 그리스도인이 되었다고 하는 것은, 이제 더 이상 자신을 기쁘게 하기 위해서 사는 것이 아닙니다. 즉, 자신의 만족을 위해 사는 것이 아니라, 지혜와 의로움과 거룩함과 구속함이 되어 주신 그리스도를 위해서 살아가는 것으로 바뀐 것입니다. 그 그리스도를 기쁘시게 하는 삶을 사는 것입니다. 그래서 하나님의 선하시고 기뻐하시고 온전하신 뜻이 무엇인지를 항상 살피는 것입니다(롬 12:2). 마치 철이 들지 않은 자녀가 부모님들을 살피지 않다가, 철이 들면, 부모님의 은혜를 생각하여, 부모님이 기뻐하는 일을 생각하고 살피는 것과 같습니다. 자신의 생각이 있다고 하더라도, 부모님의 생각을 먼저 살피게 되는 것입니다. 이와 마찬가지로, 하나님께서 나를 구원해 주셔서, 사망에서 생명으로 옮겨 주셨는데, 어둠에서 끌어내 빛의 나라로 들어가게 하셨는데, 죽었던 나를 그리스도의 생명을 소유한 자로 살리셨는데, 이제는 잠시 있다가 사라지는 것을 바라는 자가 아니라, 영원한 하나님 나라를 상속받은 자가 되게 해 주셨는데, 그러한 은혜를 생각하는 사람, 하나님을 기쁘시게 해 드리기 위해 생각하는 것이, 정상적인 그리스도인의 자세인 것입니다.

하나님께서 기뻐하시는 것은 무엇인가요? 이는, SOLA FIDE, 오직 믿음으로 사는 것입니다. 믿음으로 사는 것이 하나님을 기쁘게 해 드리는 것입니다. 히브리서 11장 6절에서 다음과 같이 이야기합니다.

> *믿음이 없이는 기쁘시게 못하나니 하나님께 나아가는 자는 반드시 그가 계신 것과 또한 그가 자기를 찾는 자들에게 상 주시는 이심을 믿어야 할찌니라* (히 11:6).

믿음이 없이는 기쁘시게 할 수 없습니다. 하나님 중심의 삶을 산다고 하는 것은, 하나님의 영광을 드러내는 삶을 살아야 하는 것이고, 그 하나님의 영광을 드러내기 위해서는 믿음으로 살아야 한다는 것입니다. 그렇다면, 하나님께서 기뻐하시지 않으시는 것, 즉 싫어하시는 것은 무엇인가요? 이는 믿지 아니하는 것입니다. 불신하는 것입니다. 의심하는 것입니다. 하나님을 기쁘시게 하는 것은, 자기를 찾는 자들을 만나주시고 간절히 구하는 자에게 상을 내려주시는 하나님을 전혀 의심하지 아니하는 것입니다. 이러한 진실된 믿음은 세상의 호화로운 칭송과 부귀영화보다 하나님의 영광을 위한 것, 그것을 위해서는 고난과 심지어 죽음까지도 좋아하는 것을 의미합니다. 하나님을 기쁘시게 하는 것은, 하나님께서 싫어하시는 우상숭배를 멀리하는 것입니다. 환난을 당하여도 가난 중에 있어도, 병들었어도, 물이 없어 메마르고 곤핍해도, 하나님만 바라는 것입니다. 주님만 사모하는 것입니다. 이것이 개혁교회 성도의 모습입니다.

그러나 "나와 내 집은 여호와만을 섬기겠다."라고 이야기하는 것은 쉽지 않습니다. SOLA FIDE, 이는 매우 중요한데, 이와 같이 사는 것은 쉽지 않습니다. 쉽지 않은 이유는 두 가지 때문입니다. 첫째로, 믿음은 보이는 것들을 좇아가지 않기 때문입니다. 보이는 것을 좇아가는 것은 매우 쉽고 편안합니다. 그러나 믿음은 바라는 것들의 실상이요 보이지 않는 것들에 대한 증거입니다. 즉, 보이지 않는 것들입니다. 눈에 보이는 것을 바라보고 사는 것이 아니라, 보이지 않는 것들을 바라는 믿음으로 사는 것이기 때문에 어려운 것입니다. 또 다른 이유는, 숱한 유혹과 의심과 시련이 찾아오기 때문입니다. 이러한 어려움이 찾아올 때마다 이를 포기하고 쉬운 길로 가고 싶어 하게 됩니다. 편안한 길로 가고 싶어 합니다. 넓은 길로 가고 싶어 합니다. 그러나 하나님을 기쁘시게 하는 믿음으로 사는 것은, 눈에 보이는 길로 가지 않고, 마음이 원하는 대로 가는 것이 아닙니다. 쉽고 편안한 길을 가는 것이 아닙니다. 넓은 길로 가지 않습니다. 도리어 협착한 길, 좁은 길, 불편한 길, 고난의 길을 가는 것입니다.

우리가 가야 하는 길은 예수님께서 걸어가신 길입니다. 주님을 위로로 삼고 가는 것입니다. 주님만이 우리의 피난처가 되는 것입니다. 주님만이 우리의 반석이고, 산성이십니다. 주님만이 생명입니다. 주님만이 피할 바위입니다. 주님만이 모든 것이 되십니다. 이러한 길을 가는 것입니다. 그것이 믿음으로 사는 것입니다. 오늘날 많은 교회들은 이러한 부분에서 큰 실패를 하고 있습니다. 믿음으로 살아야 하는 교회가 하나님을 굳게 신뢰해야 하는데, 하나님보다 돈을 더 신뢰하곤 합니다. 하나님께서는 중심을 보시는데, 우리는 외모를 더 중시합니다. 성도들도 마찬가지입니다. 하나님께서 기뻐하시는 성도가 되기 위해 몸부림치기 보다는, 하나님께서 고개를 돌리고 눈을 감아버리고 있는 그러 성도가 되기를 더 좋아합니다. 회개해야합니다. 자신을 자랑하고 싶고, 사람들에게 박수 받고 싶고, 돈을 최고로 여기고, 만복의 근원이신 하나님을 무시하는 죄악에서 벗어나도록 회개해야 합니다. 그러한 것들에 끊임없이 유혹받고, 그것에 미혹당해서 사는 삶이 된다면, 이는 하나님을 기쁘시게 하는 믿음으로 사는 것이 아닙니다. 하나님을 영화롭게 하는 삶을 사는 것이 아닙니다. 자신의 배를 채우기 위해서 자신의 육체적인 정욕과 안목의 정욕과 이생의 자랑을 만족시키는 삶을 사는 불신자들과 다를 바 없는 존재가 되는 것입니다. 개혁교회는 오직 하나님께 영광을 돌리는 교회입니다. 개혁교회 성도들은 먹든지 마시든지 무엇을 하든지 다 하나님의 영광을 위해서 하는 성도입니다. 하나님께서 싫어하시는 것들이 있습니다. 하나님 중심의 삶을 사는 그리스도인들은, 하나님께서 싫어하시는 것을 안 하는 사람입니다. 하나님께서 싫어하시는 것은 무엇이 있을까요? 이는 잠언 6장에 잘 나타나 있습니다.

> *여호와의 미워하시는 것 곧 그 마음에 싫어하시는 것이 육 칠 가지니 곧 교만한 눈과 거짓된 혀와 무죄한 자의 피를 흘리는 손과 악한 계교를 꾀하는 마음과 빨리 악으로 달려가는 발과 거짓을 말하는 망령된 증인과 및 형제 사이를 이간하는 자니라* (잠언 6: 16-19).

하나님께서 싫어하시는 것을 싫어하고, 하나님께서 좋아하시는 것을 즐거워하는 것이, 개혁교회 성도들의 삶입니다.

마지막으로, 하나님의 영광을 위해서 사는 것은, 하나님의 말씀에만 순종하는 것입니다. 하나님의 말씀 앞에서 자신의 지식이나 경험이나 노하우를 앞세우지 않는 것입니다. 하나님께 순종한다는 것은, 자신의 경험이 어떠하더라도 하나님의 말씀이 이야기하는 방향으로 순종하는 것을 의미합니다. 순종에는 자신의 의견을 섞지 않습니다. 자신의 의견을 섞는 것이 기록된 말씀 밖으로 넘어가는 것입니다. 흔히 우리들은 어떠한 일을 할 때에, 자신의 입장을 먼저 생각하고 행동하곤 합니다. 그러나 순종은 명령하신 분의 입장을 먼저 생각하는 것입니다. 자신의 듣고 싶은 것만 듣는 것이 아닙니다. 자신이 보고 싶은 것만 보는 것이 아닙니다. 자신이 하고 싶은 것만 하는 것도 아닙니다. 자신이 익숙한 것만 하는 것이 아닙니다. 자신이 원하지 않아도, 보이지 않아도, 들리지 않아도, 자신의 능력과 경험 밖의 일이 주어진다 할지라도, 주님께서 명하시는 것이라면 순종하는 것입니다. 자신의 생각으로 납득이 안되도, 자신의 경험으로도 이해할 수 없어도 순종하는 것입니다.

하루는, 베드로가 밤새도록 고기를 잡았지만, 한 마리도 잡지 못한 때가 있었습니다. 밤새도록 고기를 잡는다고 씨름했는데, 한 마리도 잡지 못한 것이었습니다. 그래서 그 날에 고기 잡는 것을 포기하고, 새벽이 되어 돌아가려고 하는데, 웬 낯선 사람이 다가오더니, 배에서 내리려 하는 베드로에게 깊은 곳에 가서 그물을 내리라고 이야기합니다. 베드로는 갈릴리 바다에서 예수님을 한 번도 마주쳐 본 적이 없었습니다. 그 분은 갈릴리 바다에 대해서 잘 알지 못하는 분이었습니다. 어부로 잔뼈가 굵은 베드로가, 바다에 대해서 잘 알지도 못하고, 또한 자신이 타고 있는 배에 대해서도 잘 알지 못하는 낯선 분으로부터 깊은 곳에 가서 그물을 던지라는 말을 들은 것입니다. 그러나 베드로는 그 때 매우 위대한 대답을 합니다. 순종이 무엇인지를 보여주는 대답입니다.

베드로는 다음과 같이 이야기하였습니다.

선생이여 우리들이 밤이 맞도록 수고를 하였으되 얻은 것이
없지마는 말씀에 의지하여 내가 그물을 내리리이다(눅 5:5).

말씀에 의지하여 그물을 내린다는 부분에 주목하시길 바랍니다. 어부인 베드로 자신이 생각하기에, 깊은 곳에 가서 그물을 내리라는 말은 매우 잘못된 이야기인데, 밤새도록 노력해도 얻은 것이 없지만, 그래도 당신이 말씀하시니 그 말씀에 의지해서 그물을 내리겠다고 이야기하였습니다. 말씀에 순종하여 벌어진 일은 누가복음 5장에 잘 나타납니다.

그리한즉 고기를 에운 것이 심히 많아 그물이 찢어지는지라
이에 다른 배에 있는 동무를 손짓하여 와서 도와 달라 하니 저
희가 와서 두 배에 채우매 잠기게 되었더라(눅 5:6-7).

하나님께 영광을 돌리는 것은, 하나님의 말씀에 철저하게 순종하는 것입니다. 하나님의 명령에, 하나님의 약속에 무게를 두고 사는 것입니다. 하나님의 말씀에 반대되는 것은, 그것이 아무리 좋아보여도, 또한 그것이 많은 사람들이 동의하는 의견이라도, 따르지 않는 것입니

다. 자녀들이 부모에게 순종 하듯이, 하나님의 백성들은 하나님께 순종
해야 합니다.

그러나 하나님의 말씀에 순종하는 것이 쉬운 일은 아닙니다. 왜냐
하면 우리가 매우 현실적이기 때문입니다. 사도행전 27장에, 사도바울
을 비롯한 죄수들을 로마로 후송하는 백부장의 이야기가 나옵니다. 그
들은 그레데 해안을 따라 미항이란 곳에 도착하였는데, 배가 더디 가서
항해가 많이 늦춰져 있는 상태였습니다. 이때에, 사도바울은 백부장에
게, 이대로 계속 항해를 한다면 화물과 배가 큰 타격을 입어 많은 손해
를 보고, 사람들의 생명까지 위험할 것이라고 이야기합니다. 그러나 백
부장은 사도바울의 말을 듣지 않았습니다. 백부장은 사도바울의 말을
듣고 배의 선장과 선주들에게 가서 상의를 하였습니다. 그는 아마 선장
에게 가서, 바울이라고 하는 죄수가 하는 말을 전하였을 것입니다. 그
러나 선장은 그 말을 듣고, 항해를 계속 할 수 있다고 이야기하였을 것
입니다. 만약에 그 백부장의 상황이 지금 우리들에게 주어진다면, 어떠
한 판단을 하였을까요? 배를 한 번도 몰아본 경험이 없는 바울의 말을
들을까요? 아니면 수도 없이 배를 몰아 본, 선장과 선주의 말을 믿을까
요? 우리들 같아도, 선장과 선주의 말을 들었을 것입니다. 당연히 백부
장도 사도행전 27장 11절에서 이야기하는 바, 선장과 선주의 말을 바울
의 말보다 더 믿었습니다. 그래서 계속 항해를 한 것입니다. 그러나 사

도행전 27장에서 보는 것처럼, 그 항해 과정에 많은 어려움을 겪게 되고, 목숨이 위태로운 지경에 처하게 됩니다. 현실적인 상황에 대해서 매우 잘 알고 있는 선장과 선주의 말은 매우 설득력이 강한 말입니다.

저는 주식에 대해서 잘 모릅니다. 경제적인 문제에 대해서도 잘 모릅니다. 경제에 대해 문외한인 제가, 만약에, 어느 사람에게 특정한 곳에 투자를 하라고 권하였다고 가정해봅시다. 그렇게 이야기 하였을 때, 그 사람은 저의 말을 얼마나 신뢰할 수 있겠습니까? 아마도 저의 말보다, 이느 은행에서 일하는 사람이나, 주식 전문가의 말을 신뢰할 것입니다. 이것이 현실적인 상황인 것입니다.

하나님 중심으로 산다는 것은, 상식적으로, 현실적으로 생각하는 것이 매우 타당하다 할지라도, 하나님께서 말씀하신 것을 따르는 순종의 삶을 사는 것입니다. 성도들 중, 더러, 목사에게 상담하러 오는 사람들이 있습니다. 그러나 대부분의 사람들은 자신이 듣고 싶은 것만 듣고, 목사의 말에 귀를 기울이지 않습니다. 사실, 목사에게 오기 전에 대부분의 결정을 이미 내리고 오곤 합니다. 목사의 말은 형식적으로 들어야 하는 말일 뿐, 대부분의 결정에 있어서는 현실에 더 귀를 기울이곤 합니다. 이 때문에 사람들은 때로 낭패를 겪기도 하고, 하나님의 뜻과는 상관없는 길을 가기도 합니다.

목회자가 성도들에게 어떠한 이야기를 할 때, 이 이야기가 그냥 던지는 이야기라고 생각하지 마시길 바랍니다. 목회자가, 말씀을 통하여 생각하고, 기도하여 결정을 하였을 때, 그것이 성도들의 형편과 현실적인 상황에 전혀 어울리지 않는다 하더라도 그대로 순종하는 것이 좋습니다. 그렇게 순종하는 것이 필요합니다. 성도는 하나님께 순종하는 것이 가장 우선시 되어야 합니다. 교회는 목사의 가르침에 순종해야 합니다. 부교역자들은 담임교역자에게 순종해야 합니다. 국민들은 대통령에게 순종해야 합니다. 로마서 13장에서 이야기하는 바, 위에 있는 권세들에게 굴복해야 합니다. 이것이 하나님의 뜻입니다. 아무리 대통령이 잘못된 정치를 한다고 하더라도, 그 이름을 함부로 부르면 안 됩니다. 목회자와 성도가 아무리 친분이 있다 하더라도, 함부로 대하면 안 됩니다. 이는 하나님께 죄를 짓는 것입니다. 아내는 남편에게 순종해야 합니다. 왜냐하면 아내의 머리가 남편이기 때문입니다. 학생은 선생님에게 순종해야 합니다. 아이는 부모에게 순종해야 합니다. 그러나 이 모든 순종은 반드시 주 안에서 순종해야 합니다. 즉, 교회의 머리되시고, 우리의 주인이신 그리스도를 대적하는 것이 되지 않는 한, 위에 있는 권세들에 순종해야 한다는 것입니다. 부모님의 명령이나 목사의 이야기나 선생님의 이야기가 하나님의 뜻하고 상반되는 것이라면, 이는 순종할 수 없습니다. 순종은 그리스도 안에서 이루어져야 합니다. 하나님의 말씀에 무조건 순종하는 것이 사는 길입니다.

　　상식적으로 납득이 되지 않아도, 현실적으로 이해가 되기 않아도, 하나님의 말씀에는 무조건 순종해야 합니다. 이러한 순종을 지키는 교회가 하나님 중심의 교회입니다. 이렇게 순종하는 삶이 하나님 중심 성도의 삶입니다. 하나님께서 '아니오' 라고 말씀하시면 모든 사람이 '예' 라고 이야기해도, '아니오' 라고 이야기해야 합니다. 하나님께서 '예' 라고 말씀하시면 모든 사람이 '아니오' 라고 해도, '예' 라고 말해야 합니다. 그것이 하나님의 영광을 위해서 사는 방법이고, 그것이 하나님을 기쁘시게 하는 믿음의 길입니다.

하나님 중심의 교회(2)

(31)그런즉 너희가 먹든지 마시든지 무엇을 하든지 다 하나님의 영광을 위하여 하라

(32)유대인에게나 헬라인에게나 하나님의 교회에나 거치는 자가 되지 말고

(33)나와 같이 모든 일에 모든사람을 기쁘게 하여 나의 유익을 구치 아니하고

많은 사람의 유익을 구하여 저희로 구원을 얻게 하라

[고전 10:31-33]

교회는 하나님 중심의 교회가 되어야 합니다. 교회가 하나님 중심이라는 말의 의미는, 우선, 교회는 하나님의 영광을 위해 존재한다는 말입니다. 하나님 중심의 교회가 의미하는 바를 더 알아보도록 하겠습니다.

철저하게 하나님만 의지하는 교회

하나님 중심의 교회는, 철저하게 하나님만 의지하는 교회를 의미합니다. 하나님 중심의 삶은 하나님만을 의지하며 사는 것입니다. 하나님을 의지한다는 것은 하나님께 순종하는 것과 비슷한 의미를 가집니

다. 우리들은 주로 하나님께 순종하기보다 현실적인 상황에 순종하곤 합니다. 그러나 하나님께서 말씀하신 것을 적극적으로 순종하고 따르는 소수의 사람들도 있습니다. 그 소수의 사람들은 종종 남들이 이루지 못한 큰 업적들을 남기곤 합니다. 그들이 큰 업적을 남길 수 있는 이유는, 현실을 초월해 계시고 우리의 모든 상황을 주관하시는 하나님을 굳게 신뢰하였기 때문입니다. 현실적인 상황이 우리에게 찾아올 때, 우리는 그 상황에 그냥 순응하곤 합니다. 그러한 상황을 거스르는 일은 매우 어려운 일입니다. 어느 산악인은, "1%의 가능성만 있다면, 자신은 그 실을 간다."라고 이야기하며 어려운 길을 가기도 합니다. 물론, 그 산악인은 자기 신념 때문에 어려운 길을 가는 것이지만, 무언가 자신이 믿는 구석이 있기 때문에 그 길을 갈 수 있는 것입니다.

그러나 이와 같이 개인이 가지고 있는 자질이나 능력, 또는 주어진 배경 상황 등을 먼저 생각하는 사람들이 항상 뛰어난 업적을 남기는 것은 아닙니다. 왜냐하면 일반적으로 사람은 불가능한 일을 대하게 되면, 속수무책이 되기 때문입니다. 그러나 이러한 어려운 일을 이길 수 있는 능력이 나타나는 사람이 있습니다. 그 모든 상황을 초월해 계시는 하나님을 간절히 찾고 의지하는 사람들은, 하나님께서 베푸시는 능력을 나타내게 됩니다. 이것이 바로, 기도하는 사람들에게 많은 능력이 나타나는 이유입니다. 하나님께서는 전심으로 주를 찾고 의지하는 자에게 자신의 능력을 드러내십니다. 빌립보서 4장 13절 말씀에서 이와 같이 말씀하십니다.

> 내게 능력 주시는 자 안에서 내가 모든 것을 할 수 있느니라
> (빌 4:13).

내게 능력주시는 자 안에서 내가 무언가를 할 수 있다는 것이 아닙니다. 내게 능력주시는 자 안에서 내가 "모든" 것을 할 수 있다는 것입니다. 모든 것을 할 수 있다! 다시 말해서, 자신이 할 수 있는 것만 할 수 있는 것이 아니라, 자신의 역량으로 할 수 없는 일까지도 내게 능력주시는 주님 안에서는 할 수 있고, 감당할 수 있다는 것입니다.

그러나 우리들은 대부분, 하나님의 능력은 하나님의 능력이고, 자신은 능력이 부족하기 때문에 자신이 할 수 없는 것은 하지 않고 포기하곤 합니다. 그렇기 때문에 하나님의 능력을 경험하지 못하는 것입니다. 그래서 지금까지 살아온 것에 대해 입으로는 주님의 은혜라고 이야기하지만, 자신이 할 수 있는 것만 해왔고, 자신이 가장 안전하게 갈 수 있는 길만 걸어왔기 때문에, 하나님의 능력을 거의 경험하지 못하고, 보편적인 은혜 가운데서만 살아가곤 하는 것입니다.

성도들이 주님의 능력을 경험하지 못하는 이유는 무엇인가요? 그 이유는, 하나님께서 자신에게 맡기신 일, 주님의 몸인 교회가 자신에게 맡긴 일들을 하지 못한다고만 이야기하기 때문입니다. 못한다고 이야기하지 말고, 자신은 할 수 없지만, 하나님께서 능력을 주시면 할 수 있다고 기도해야 하는 것입니다. 그래야 하나님의 능력을 경험하며, 그로 인해 더욱 풍요로운 삶을 살 수 있습니다. 다시 말해서, 하나님의 능력을 경험하지 못하는 가장 큰 이유는, 바로 기도하지 않기 때문입니다. 또한, 하나님의 능력을 의심하기 때문입니다. 기도하지 않는 것, 그 불신앙 자체가 우리에게 큰 장애물입니다. 의심하면 받을 수가 없습니다.

사실, 신앙생활은 때때로 모험적이기도 합니다. 외국에 나가서 공부를 할 때, 흔히 사람들은 세 가지 힘이 꼭 필요하다고 이야기합니다. 그 첫 번째는 재력이고 두 번째는 체력이고 세 번째는 실력이라고 합니다. 제가 유학을 가고자 하였을 때, 그 세 가지 힘 중에서, 체력은 젊은 나이니 감당할 수 있다 하더라도, 재력과 실력이 매우 부족하였습니다. 제가 할 수 있는 것은 기도밖에 없었기에, 하나님께 기도하였습니다. 그 당시 인터넷이 발달되어 정보를 얻을 수 있는 것도 아니고, 한 번도 가보지 않은 미지의 땅을 밟는다는 것은, 돈이나 실력 때문에 갈 수 있었던 것이 아닙니다. 하나님을 믿는 믿음으로 떠날 수 있었던 것입니다. 믿음으로 모험을 감행한 것입니다. 난생 처음 22시간이나 비행기를 타고 영국에 갔습니다. 무슨 일이 벌어질지 알 수도 없고, 아는 사람이 한 사람도 없는 그 땅에 내린 것입니다. 그러나 하나님께서 계시고, 하나님께서 저의 길을 인도하시고, 주님께서 저와 함께 계신다는 그 믿음으로 미지의 땅을 밟은 것입니다. 신앙은 모험입니다. 모험을 했기 때문에, 하나님께서 역사하신 사건을 간증할 수 있는 것입니다.

물론 이러한 모험은, 막연한 상상력에 의지하는 것이 아니고, 모든 상황을 주관하시는 하나님을 믿음으로 해야 합니다. 헛된 신념이나 잘못된 철학으로, 하면 된다는 긍정적인 사고방식으로 하는 것이 아닙니다. 하나님의 약속을 믿음으로 모험을 하는 것입니다. 하나님께서는 허공에 메아리치게 말씀하시지 않기 때문입니다. 제가 외국으로 가기 전, 저를 위하여 한 목사님께서 기도해 주셨는데, 그 분께서 야곱이 라반 삼촌 집으로 도망갈 때 기도했던 내용으로 기도해 주셨습니다. 하나님께서 너와 함께 있어 네가 어디로 가든지 너를 지키며 너를 이끌어 이 땅에 돌아오게 할찌라 내가 네게 허락한 것을 다 이루기까지 너를 떠나지 아니하리라 ^(창 28:15) 하신 그 말씀을 붙들고 발을 옮겼습니다. 그래서 하나님께서 역사하신 것입니다. 하나님께서는 인생이 아니시기 때문에 말씀하신 것을 도로 주어 담지 않으십니다. 종교개혁자들의 한결같은 가르침은, 바로, 하나님의 약속의 말씀을 붙들고 기도하라는 가르침입니다. 우리 인생들은, 자신의 말한 것을 거짓으로 부정하거나 변명할 수 있지만, 하나님께서는 그렇게 하시지 않습니다. 그렇기 때문에, 하나님께서 우리에게 말씀하신 것을 다 이루신다는 믿음으로 주께 나아가 끈질기게 부르짖고 간구하면, 하나님께서 우리 앞에 놓여 있는 장애물들이 무엇이든, 그 모든 것을 능히 극복할 수 있도록 역사하십니다.

다니엘의 세 친구들도 그러하였습니다. 하나님께서 자신들을 구원해주실 것을 믿었지만, 구원해주시지 아니하신다 하더라도 왕의 신상 앞에 절할 수 없다고 이야기하였습니다. 철저하게 하나님만을 의지하며 살았습니다. 많은 사람들은 자신의 손에 무언가가 주어질 때 하나님을 의지하곤 합니다. 그러나 그렇지 않습니다. 자신의 손에 들어오는 것이 없더라도, 여전히 하나님께서는 나의 주인이시고, 나의 왕이시고, 나를 구원하시는 주님이시라는 믿음을 가져야 합니다. 끝까지 믿고 따르는 신앙이 현실을 극복하는 비결입니다. 하나님을 믿고 기도하지 아니하면, 늘 현실주의자가 되고, 물질주의자가 되고, 세속주의에 사로잡혀 하나님의 능력을 경험하지 못하게 됩니다.

세상 사람들은 그들의 제물을 의지하고 그 부유함과 풍부함을 자랑하는 일을 합니다. 또한 권력자들을 찾아가서 그들 앞에 줄을 서는 일을 당연시 여깁니다. 올 해 총선과 대선으로 인해 수많은 사람들이 자신의 줄을 서기위해 몸부림 칠 것입니다. 그것이 현실적인 대세입니다. 실력 있는 사람, 힘 있는 사람 밑에 줄을 서고자 하는 것이 인간의 마음입니다. 그러나 참된 성도는, 그 모든 현실을 알면서도, 역사의 주인이신 하나님의 다스림에 순종하는 사람입니다. 다니엘은 왕의 신상에 절하거나 경배하지 않는 자를 사자굴에 집어넣는다는 사실을 알고도, 여전히 예루살렘을 향하여 문을 열어 놓고 하루 세 번씩 기도했습니다. 그 결과, 다니엘을 아낀 다리오왕이 그를 살리려고 애를 썼지만, 결국엔 사지굴에 들어가게 됩니다. 다니엘이 사자굴에 들어갈 때, 어떠한 심정이었을까요? 다니엘은 두려움이 없었을까요? 사자굴에 던져지면, 굶주린 사자들의 입과 발톱에 의해 뜯기고 찢기게 되는데, 이러한 일이 자신에게 벌어진다는 사실을 알면서 하루에 세 번씩 하나님께 기도한 이유는 무엇일까요? 다니엘은 다는 것을 의지하지 않았습니다. 오직 하나님 중심의 삶을 살며, 하나님만을 의지하였던 것입니다.

우리는 흔히, '내가 지금 알고 있는 것을 그 때 알았더라면, 내가 하지 않았을 텐데…' 라는 후회를 하곤 합니다. 우리는 흔히 생각하기를, 지금 하고 있는 일이 이렇게 고달픈 일임을 미리 알았더라면 이를 하지 않았을 것이라고 생각합니다. 그러나 신앙은, 주님께서 이미 말씀하신대로, 좁은 길을 가는 것입니다. 매우 좁아서 사람들이 선호하지는 않지만, 주님께서 말씀하신 길이기 때문에 가는 것입니다. 그 길이 매우 고통스럽다 하더라도, 주님께서 마지막에 우리들을 영생의 길로 인도하신다는 사실을 알기 때문에, 지금 보기에 편하고 쉬운 길보다 고난의 길을 더 의지하는 것입니다. 이 길을 걷는 것이 하나님을 의지하는 자의 믿음입니다.

다니엘이 사자굴에서 건짐을 받았을 때, 다리오 왕이 고백한 것을 한 번 생각해 봅시다.

> *내가 이제 조서를 내리노라 내 나라 관할 아래 있는 사람들은 다 다니엘의 하나님 앞에서 떨며 두려워할지니 그는 사시는 하나님이시요 영원히 변치 않으실 자시며 그 나라는 망하지 아니할 것이요 그 권세는 무궁할 것이며 그는 구원도 하시며 건져내기도 하시며 하늘에서든지 땅에서든지 이적과 기사를 행하시는 자로서 다니엘을 구원하여 사자의 입에서 벗어나게 하셨음이니라 하였더라* (단 6:26-27).

하나님을 알지 못하는 이방의 왕이 이러한 고백을 할 수 있게 된 것은, 다니엘의 믿음 때문입니다. 믿음으로 산다는 것은, 철저하게 하나님을 의지하고 사는 것입니다. 사업이 망할 수도 있고, 직장에서 쫓겨날 수도 있습니다. 사람들에게 버림당할 수도 있고, 이러한 일들이 첩첩산중으로 일어나기도 합니다. 그러나 그러한 가운데에서도 나를 건지시는 하나님을 의지하면, 우리를 조롱하고 비난하던 사람들에게 도리어 하나님이 어떠한 분이신지를 보여줄 수 있는 기회가 되는 것입니다. 다니엘을 참소했던 자들은, 그 봉해졌던 사지의 입이 열려서 무참하게 다 죽임을 당했습니다. 다니엘만 없으면 자신들의 세상을 만들 것이라고 생각했던 모든 술객들과 박사들, 그들은 도리어 그들이 판 함정에 몰살당한 것입니다. 우리의 눈은 보기에 화려한 것, 좋은 것을 좋아가지만, 그러한 것들은 모두 사라지게 됩니다. 끝까지 인내하고 믿음을 지키는 성도들은 건짐을 받습니다. 그래서 성도들은 로마서 8장 18절의 말씀과 같이 이야기 합니다.

생각건대 현재의 고난은 장차 우리에게 나타날 영광과 족히 비교할 수 없도다 (롬 8:18).

현재 당하는 고난은, 현재에 잠시 당하는 고난입니다. 아픔이나 역경은 항상 밀려드는 것이 아니라, 잠시 있다가 사라지는 것에 불과합니다. 이 잠간의 고난을 견디지 못하고 굴복해버리면, 장차 나타날 영광을 누리지 못하게 되는 것입니다.

이 영광은 영원한 영광입니다. 우리나라 대통령의 임기는 5년입니다. 그 5년 동안 누리는 영광 때문에, 남은 평생을 감옥에서 사는 일을 한다면, 그것은 매우 어리석은 것입니다. 그러나 5년 동안 시련을 받지만 그 후에 영화를 누리는 길이 있다면, 그 길을 가는 것이 현명한 것입니다. 우리나라 대통령들이 참 훌륭한 사람들이길 바라는데, 참 안타까운 것은, 매 5년마다 한 번씩 본인과 그 측근들이 감옥에 드나드는 안타까운 일이 반복된다는 것입니다. 권력을 가질 수 있는 시간은 매우 짧은 시간입니다. 그 시간 동안, 철저하게 고난의 길을 갔다면, 이러한 안타까운 일은 일어나지 않을 것입니다.

사도바울은 고린도후서 4장 17절 이하에서, 우리의 잠시 받는 환난에 경한 것이 지극히 크고 영원한 영광의 중한 것을 우리에게 이루게 함이라고 이야기하였습니다. 우리가 겪는 환난은 잠시 받는 환난이고, 이는 가벼운 것입니다. 사실, 이는 굉장히 힘든 일입니다. 사자굴에 들어가는 것과, 풀무불에 던져지는 것, 짐승의 밥이 되는 것, 톱으로 썰어지는 것, 몸이 토막나 죽임을 당하는 것 등 매우 어려운 일입니다. 수많은 그리스도인들이 이러한 죽음을 맞이하였습니다. 그러나 그 모든 것은 지극히 크고 영원한 영광의 중한 것을 이루게 하는 것입니다.

우리의 돌아보는 것은 보이는 것이 아니요 보이지 않는 것이
니 보이는 것은 잠간이요 보이지 않는 것은 영원함이니라

(고후 4:18).

우리의 돌아보는 것은 보이는 것이 아닙니다. 즉, 하나님 중심의 삶을 사는 것, 하나님을 의지하여 사는 것은, 보이지 않는 것입니다. 대부분의 사람들은 눈에 보이는 대로 삽니다. 마음이 향하는 것으로 행동합니다. 그러나 그리스도인들은 하나님 중심의 삶을 살아갑니다. 하나님만을 의지하여 살아갑니다.

그 보이지 않는 것은 영원한 것입니다. 눈에 보이는 것들은 다 지나가는 것입니다. 오늘 눈에 보았다고 해서 내일도 볼 수 있다고 생각할 수 없습니다. 그렇기 때문에 보이는 것을 의지하며 사는 것은 매우 어리석은 것입니다. 하나님께서 선하다고 말씀하시는 것은 미가서 6장 8절에서 세 가지 살펴볼 수 있습니다.

인생들아 너희에게 하나님이 보인 것은 이것이니 곧 네가 공의를 행하며 인자를 사랑하며 겸손히 내 하나님과 동행하는 것이 아니더냐(미 6:8).

하나님께서 보시기에 선한 삶, 하나님께서 기뻐하시는 삶은 공의를 행하고 인자를 사랑하여 긍휼을 베풀고, 겸손히 하나님과 동행하는 삶입니다. 한 나라를 다스리는 왕이나 대통령은 공의를 행해야 합니다. 특별히 그가 하나님을 믿는 자라면, 더욱 공의롭게 일을 처리해야 합니다. 공의롭게 행하지 않는다면 매우 어리석은 것입니다. 그의 통치로 인해, 많이 가진 자가 더욱 가지게 되고, 가난한 자가 더욱 가난해지게 되어 힘든 삶을 살게 된다면, 이는 공의로운 정치를 행한 것이 아니기에 매우 어리석은 모습을 보인 것입니다. 이러한 모습들로 인해 하나님을 대적하는 원수들은 기뻐하고 박수를 치게 됩니다. 다윗은 원수들이 자신을 이겼다는 개가를 부르지 못하게 해달라고 기도하였다는 것을 기억해야 합니다.

또한, 그리스도인들은 먹든지 마시든지 무엇을 하든지 하나님의 영광을 위해서 하라는 말씀을 기억해야 합니다. 이 모든 것은 자신의 굳건한 자리를 지키기 위해서 하는 것이 아니고, 또 자신의 명성을 위하여 하는 것이 아니고 하나님의 영광을 위해서 하는 것입니다. 하나님의 영광을 위하는 것은, 철저하게 하나님만을 의지하며 살아가는 것을 의미합니다.

사도 바울의 이 고백을 기억하시기 바랍니다.

내가 선한 싸움을 싸우고 나의 달려갈 길을 다 마치고 믿음을

지켰으니 (딤후 4:7).

세상을 떠날 때, 사도 바울이 고백한 것과 같이 고백할 수 있을까요? 우리는 선한 싸움을 싸우고 나의 달려갈 길을 다 마치고 믿음을 지켰다고 고백할 수 있을까요? 선한 싸움을 싸웠나요? 우리의 싸움이 혈과 육에 관한 것이 아니라고 이야기하면서도 우리는 얼마나 악한 영들과 싸우는 것을 포기하였는지요. 이를 생각지도 아니하고, 그리스도인끼리 서로 헐뜯고 비방하고 원망하고 시기하고 다투는 일까지 벌이고 있습니다. 선한 싸움을 싸우는 것이 아니라, 악한 싸움에 힘들여 몰두하다가 세상을 떠나게 되지 않을까요? 이러한 두려움이 있습니다. 사도 바울이 고백한 것과 같은 고백을 우리도 할 수 있게 되기를 바랍니다. 이러한 사람들을 위해 주님께서 예비해 놓으신 것이 있습니다. 의로우신 재판관께서는 의의 면류관을 예비해 놓으셨습니다. 그러한 의의 면류관은 한 사람만 받는 것이 아니라, 주의 나타나심을 사모하는 모든 자들에게 동등하게 주어진다고 말씀하셨습니다.

그리스도만 존귀케 되기를 원하는 삶!

마지막으로, 하나님 중심의 삶을 사는 것은, 자신은 쇠하고 그리스도만이 흥하게 하는 삶입니다. 사도 바울이 빌립보서 1장 21절에서 말씀하시는 것과 같이, 내 안에서 내가 살든지 죽든지 그리스도만 존귀케 되기를 원하는 삶입니다. 죽는 것도 유익한 것입니다. 그리스도만이 존귀게 된다면 죽는 것도 유익한 것입니다. 섬기는 자의 덕목은 섬기는 분의 명성에 누를 끼치지 않는 것입니다. 설혹 자신이 더 많이 알고 더 많은 지혜를 가지고 있다 하더라도, 섬기는 분보다 앞서게 된다면, 자신의 우수성은 드러나지만 더 이상 섬기는 분과 함께할 수 없게 되는 것입니다. 다니엘은 여러 왕들보다 월등히 지혜로운 사람이었습니다. 그는 왕들이 풀지 못하는 수수께끼를 다 풀었습니다. 요셉도 이집트의 비로왕보다 더 시혜로운 사람이었습니다. 그러나 그들은 왕을 섬기는 자리에 있었지, 왕보다 앞선 자리에 있지 않았습니다. 그들은 자신이 섬기는 왕을 높였습니다. 그렇기 때문에, 그들은 왕들에게 힘 있게 쓰임 받았습니다.

우리는 피조물에 불과합니다. 그러한 우리가 우리를 지으신 하나님을 섬기는 일에 있어, 자신의 짧은 지혜를 앞세울 수 있겠으며, 자신이 조금 잘했다고 어깨를 으쓱일 수 있겠습니까? 수많은 제자들이 있었던 세례 요한은 자신보다 어린 예수님을 향하여, 그의 신들메 푸는 것도 감당할 수 없다고 고백하였습니다. 또한, 그의 제자들이 자신을 떠나 예수님에게로 가는 것을 보고, 그는 화를 내거나 질투를 하지 않았습니다. 단지, 그는 흥하여야 하겠고 나는 쇠하여야 하리라고 이야기하였습니다. 이것이 신앙인의 모습입니다. 하나님 중심의 삶을 사는 것입니다. 예수님 때문에 우리들이 높아지는 것이 아닙니다. 나 때문에 예수님의 이름이 높임을 받으시는 일을 하는 것입니다. 사람들은 종종 자신이 칭찬을 받기 위하여 일을 합니다. 사람은 누구나 원망 듣는 것보다 칭찬 받는 것을 좋아합니다. 그러나 주의해야할 것이 있습니다. 예수님께서는 칭찬 듣기를 좋아하는 사람에게 이렇게 경고하셨습니다.

모든 사람이 너희를 칭찬하면 화가 있도다 저희 조상들이 거짓 선지자들에게 이와 같이 하였느니라(눅 6:26).

모든 사람에게 칭찬을 받는 것은 매우 좋고 훌륭한 것으로 생각됩니다. 칭찬은 고래도 춤추게 한다고 이야기하여, 한창 칭찬 일색의 설교와 강의가 매우 인기를 끌기도 하였습니다. 지금까지도 그러한 주제의 강의들은 매우 인기가 있습니다. 그런데 주님께서 말씀하시기를, 모든 사람이 너희를 칭찬하면 화가 있다고 말씀하십니다. 칭찬은 필요한 것이지만, 인기를 얻기 위해서 하는 일들은 결국 자신을 망하게 한다는 것입니다. 거짓 선지자들이 거짓 선지자 노릇을 한 이유는, 사람들에게 칭찬을 듣고자, 사람들이 듣고 싶어 하는 이야기만을 들려주었기 때문입니다. 많은 사람들이 듣고 싶어 하는 이야기를 들려주는 사람은 인기있습니다. 설교자 또한 사람이기에, 성도들이 듣고 싶어 하는 이야기만

골라서 들려주어, 인기를 얻고 싶은 마음이 있습니다. 그러나 성경은 이와 같이 이야기합니다.

도가니로 은을, 풀무로 금을, 칭찬으로 사람을 시련하느니라
(잠 27:21)

칭찬으로 사람을 시련합니다. 이 말은, 칭찬으로 사람의 됨됨이를 단련시킨다는 이야기입니다. 즉, 칭찬을 들을 때의 반응을 보고, 어떠한 사람인지 알 수 있다는 것입니다. 대부분의 사람들은 칭찬을 들을 때, 우쭐해지곤 합니다. 이것이 더 심해지면 독선과 교만에 빠지게 됩니다. 역사적으로, 폭군이나 독재자들 주위에는 그를 칭찬만 하는 사람들이 많았습니다. 그래서 그들은 성군이 되기보다 폭군이 되었던 것입니다. 잠언 27장 2절은 이와 같이 이야기합니다.

타인으로 너를 칭찬하게 하고 네 입으로는 말며 외인으로 너를 칭찬하게 하고 네 입술로는 말지니라 (잠 27:2)

자화자찬은 좋은 것이 아닙니다. 어떤 사람은, 자신의 수고와 땀과 헌신으로 일을 잘 하였지만, 마지막에 이를 스스로 공치사하여 모든 수고를 헛되게 만드는 사람도 있습니다.

이와 같이 너희도 명령 받은 것을 다 행한 후에 이르기를 우리는 무익한 종이라 우리의 하여야 할 일을 한 것 뿐이라 할찌니라(눅 17:10).

그리스도의 이름을 높여드리는 그리스도인들은, 자신의 이름은 낮아지고 그리스도의 이름만이 높아져야 한다고 이야기합니다. 그러한 일을 한 그리스도인들은 누가복음 17장에서 이야기하는 것과 같이, 자신은 무익한 종이고 해야 할 일을 했을 뿐이라고 이야기합니다. 즉, 칭찬과 보상을 기다리고 일을 하는 것이 아니라, 창조주이신 주님께서 맡기시고 허락하신 일을 하는 것 밖에 없다는 겸손한 마음으로 일을 하는 것입니다. 그러한 마음이 하나님께서 기뻐하시는 마음이고, 이러한 삶이 하나님 중심의 삶이며, 주인을 높여드리는 삶을 사는 것입니다.

인간은 다 죄성을 지녔기 때문에, 자신을 알아주고, 높여주고, 생각해주는 사람을 좋아합니다. 잘한다는 말을 들으면 더 잘하려고 노력합니다. 그러나 하나님 중심의 삶을 사는 것은, 그 모든 영광을 하나님께 돌리는 것입니다. 나를 나 되게 하신 분이 하나님이심을 드러내는 것입니다. 이러한 모습은 삼위일체 하나님의 속성에서도 발견할 수 있습니다. 아들 예수님께서는 자신의 주장을 내세우지 않으셨습니다. 아버지께서 내게 주신 말을 할 뿐이라고 이야기하셨습니다. 성령 하나님께서도 성부와 성자 하나님께로부터 받은 것, 보고 들은 것을 말하는 것이지, 자신의 임의대로 말하는 것이 아니라고 하셨습니다. 요한복음 17장에서 예수님께서는 다음과 같이 이야기 하십니다.

> 아버지께서 내게 하라고 주신 일을 내가 이루어 아버지를 이 세상에서 영화롭게 하였사오니 (요 17:4).

즉, 예수님께서는 성부께서 주신 일을 하신 것뿐이라고 이야기하셨습니다.

우리는, 죄와 허물로 죽었던 우리를 살리신 예수 그리스도를 높여드리고, 그의 나라가 흥왕케 됨을 위하여 온 몸을 다해 충성하는 자가 되어야 합니다. 하나님 중심의 삶을 사는 성도가 되어야 합니다. 이를 통하여, 주인의 지혜와 능력과 위엄과 권세가 어떠한지를 드러내야 합니다. 그런데 이와 반대로, 자신의 권세와 위상을 드러내려고 하는 자, 부정한 방법으로 축재하는 자들은, 잠깐 동안 사람들에게 칭찬을 받을지는 몰라도, 하나님 앞에서는 아무것도 아닌 죄인임을 선언 받게 되는 것입니다. 여러분은 사람들의 칭찬을 더 선호하십니까? 하나님께 칭찬 받는 것을 더 선호하십니까?

이제 내가 사람들에게 좋게 하랴 하나님께 좋게 하랴 사람들
에게 기쁨을 구하랴 내가 지금까지 사람의 기쁨을 구하는 것
이었더면 그리스도의 종이 아니니라(갈 1:10).

사람들에게 기쁨을 구할 것입니까? 아니면 하나님께 좋게 할 것
입니까? 대부분의 사람들은 하나님께 좋게 하는 것 보다 사람들에게 기
쁨을 구하기를 좋아합니다. 이는 요한복음 12장 43절에 기록되어 있습
니다.

저희는 사람의 영광을 하나님의 영광보다 더 사랑하였더라
(요 12:43).

예수님께서는 유대인 관원들과 정치인들의 이와 같은 모습을 지
적하셨습니다. 그들은 하나님의 영광보다 사람의 영광을 더 사랑하였
습니다. 오늘날 우리들은 어떠한 모습을 가지고 있습니까? 사람들에게
인정받고자 하는 것 때문에 하나님께 영광을 돌리는 것을 과감하게 포
기하는 일들이 너무나도 많습니다. 자신보다 돈이 많고, 자신보다 높은
권력을 가지고 있고, 자신보다 강한 사람에게 인정받고 싶어서 하나님
께 인정받는 일을 과감하게 내려놓고자 합니다. 이러한 모습은 올바른
신앙인의 모습이 아닙니다. 이러한 사람들을 가리켜, 사도 바울은 로마

서 1장에서 이렇게 이야기 하였습니다.

하나님을 알되 하나님으로 영화롭게도 아니하며 감사치도 아
니하고 오히려 그 생각이 허망하여지며 미련한 마음이 어두
워졌나니 스스로 지혜 있다 하나 우준하게 되어 썩어지지 아
니하는 하나님의 영광을 썩어질 사람과 금수와 버러지 형상
의 우상으로 바꾸었느니라 그러므로 하나님께서 저희를 마음
의 정욕대로 더러움에 내어 버려 두사 저희 몸을 서로 욕되게
하셨으니 이는 저희가 하나님의 진리를 거짓 것으로 바꾸어
피조물을 조물주보다 더 경배하고 섬김이라 주는 곧 영원히
찬송할 이시로다 아멘 (롬 1: 21-25).

개혁교회는 성경 중심의 교회입니다. 또한 하나님 중심의 교회입
니다. 하나님 중심이라는 것은, 먹든지 마시든지 무엇을 하든지 하나님
의 영광을 위해서 하는 것입니다. 유대인이나 헬라인에게나 다 하나님
의 교회에나 거치는 자가 되지 말고 나와 같이 모든 일에 모든 사람을
기쁘게 하자는 (고전 10:32-33) 말씀은, 하나님의 말씀에 따라 사람들을 기
쁘게 하자는 말씀입니다. 이는 자기 자신을 자랑하지 않는 것이고, 자
신의 유익을 구하지 않는 것이고, 주님을 기쁘시게 하고, 주님의 말씀
에 순종하는 것입니다. 우리의 힘이 되시는 하나님만을 의지하고 우리

의 도움이 되시는 하나님의 뜻에 순종하는 길을 가는 것, 이것이 신앙인들의 고백입니다. 세상 사람들은 많은 주가 있고 많은 신들이 있다고 이야기합니다. 그러나 우리에게는 한 하나님, 한 주 예수 그리스도뿐입니다. 매우 어렵고 힘든 상황에 처하더라도, 고통스럽다 하더라도, 현실에 굴복하지 않으면 많은 어려움이 닥친다 할지라도, 하나님의 영광을 포기하고 사람의 영광을 구하는 것은 영원한 만족과 생명과 평안을 놓치는 것이라는 것을 기억하고 승리하시길 바랍니다. 자신은 쇠하여진다 할지라도, 멸시 당한다 할지라도, 자신 때문에 그리스도께서 높임을 받는다고 한다면, 그것이 우리들의 재산이고 면류관이고 만족이고 영광이라고 고백할 수 있게 되길 바랍니다. 하나님께서 마지막 날에 그런 사람들을 부르시고, 이 자들이 참으로 하나님을 경외하는 사람들이었다라고 온 천하게 공포하실 것입니다. 의로우신 우리 주님께서 우리를 치료하실 것이고, 우리는 외양간 송아지가 기뻐 뛰노는 것처럼 높은 곳에서 주와 함께 기쁨을 누릴 것입니다.

교회 중심의 사역

(13)예수께서 가이사랴 빌립보 지방에 이르러 제자들에게 물어 가라사대 사람들이 인자를 누구라 하느냐 (14)가로되 더러는 세례 요한, 더러는 엘리야, 어떤 이는 예레미야나 선지자 중의 하나라 하나이다 (15)가라사대 너희는 나를 누구라 하느냐 (16)시몬 베드로가 대답하여 가로되 주는 그리스도시요 살아 계신 하나님의 아들이시니이다 (17)예수께서 대답하여 가라사대 바요나 시몬아 네가 복이 있도다 이를 네게 알게 한 이는 혈육이 아니요 하늘에 계신 내 아버지시니라 (18)또 내가 네게 이르노니 너는 베드로라 내가 이 반석 위에 내 교회를 세우리니 음부의 권세가 이기지 못하리라 (19)내가 천국 열쇠를 네게 주리니 네가 땅에서 무엇이든지 매면 하늘에서도 매일 것이요 네가 땅에서 무엇이든지 풀면 하늘에서도 풀리리라 하시고 (20)이에 제자들을 경계하사 자기가 그리스도인 것을 아무에게도 이르지 말라 하시니라

[마 16:13-20]

오늘날 교회의 모습은 말씀 중심의 교회라 부르기 어려울 만큼, 거짓된 모습을 많이 보이고 있습니다. 교회는 말씀을 중시하기보다, 성공을 중시합니다. 많은 교회들이 더 이상 진리 보전과 전파를 중요시하지 않으며 종교 사업적인 교회로 변하고 있습니다. 하나님 중심의 교회보다는 인간 중심의 교회로, 종교 다원주의를 인정하는 교회로 변하고 있습니다. 현대인들은 더 이상 교회를 유일한 구원의 요람이라 말하지 않습니다. 그들은 모든 종교에 구원의 길이 존재하기에, 특정한 종교를 가지는 것이 중요하지 않다고 이야기합니다. 그들은 다른 사람들에게 피해를 주지 않으며 살아가는 삶의 방식, 세상의 부정함과 부패함과 불의함에 대항하여 억울하게 고통을 당하는 사람들을 도와주는 것 등의

일을 매우 중요한 가치로 여깁니다. 그렇기 때문에, 어려운 사람들을 잘 도와주고, 남에게 도움을 주는 사람을 존경하며, 그렇지 아니하는 사람은 배척하곤 합니다. 이렇게 종교 다원주의적 가치관이 난무한 세상에서 오직 성경, 오직 하나님 중심의 교회라는 가르침은, 매우 관심을 끌지 못하는 이야기이며, 많은 기독교 안티 세력들에게 공격을 받는 주장이기도 합니다. 왜냐하면 그들의 시각에서 바라보는 개혁교회의 주장은 기독교 수구세력 혹은 종교 기득권자들의 편견과 독선으로 인해 만들어진 이야기로 비춰지기 때문입니다.

그럼에도 불구하고, 개혁교회는 성경 중심의 교회, 하나님 중심의 교회, 교회 중심의 삶을 주장합니다. 많은 어려움이 있어도 계속 이를 주장하는 이유는 이것이 성경에서 가르치는 내용이기 때문입니다. 많은 사람들이 어떻게 생각하든, 기독교 안티 세력들이 뭐라고 비난하든, 성경은 말씀 중심의 교회를 가르치기 때문에 끊임없이 주장하는 것입니다.

교회는 성경 중심이어야 하고, 하나님 중심이어야 하고, 교회 중심이어야 합니다.

마태복음 16장에서, 예수님께서 제자들에게 사람들이 인자를 누구라 하는지 물어보았을 때, 베드로는, 16절에서, 주는 그리스도시요 살아 계신 하나님의 아들이시니이다 라고 고백하였습니다. 예수님께서는 이 신앙고백을 들으시고, 바로 그 고백위에 내 교회를 세우겠다고 말씀하셨습니다. 교회는 목사에 의해서 설립되어지는 것이 아닙니다. 예수님을 믿는 사람들에 의해서 설립되어지는 것도 아니고, 정치가들이나 종교 사업가들에 의해 만들어진 것도 아닙니다. 교회는 교회의 머리이신 예수님께서 직접 세우신 것입니다. 주는 그리스도시요 살아계신 하나님의 아들이시라는 그 고백 위에, 그 믿음 위에, 그러한 신앙 고백 위에, 예수님께서 교회를 세우신 것입니다. 그러므로 교회는 예수님 중심의 교회입니다. 예수님을 믿는 그리스도인들이 그리스도 중심의 삶을 산다는 것은, 교회 중심의 삶을 산다고 이야기하는 것과 동일한 말입니다. 그래서 개혁교회는 항상 말씀 중심, 하나님 중심, 교회 중심이라는 세 가지 모토를 가르쳐왔던 것입니다. 이 가르침은 변하지 않는 교훈입니다. 세상의 모든 유행, 철학, 가르침은 다 변합니다. 인간의 모든 인본주의적이고 자유주의적인 논리 체계는 다 변합니다. 그러나 성경의 진리는 상황과 시간을 초월해서, 하나님의 입에서 나온 진리이기 때문에 변하지 않습니다. 즉, 성도들이 진리의 기둥과 터인 교회를 중심으로 한 삶을 살아야 한다는 것은 변하지 않는 진리입니다.

성도가 교회 중심의 삶을 산 다는 것은 크게 두 가지 의미를 가집니다. 첫째로, 교회 밖에는 구원이 없다는 의미이고, 두 번째로, 교회는 신자들의 어머니라는 의미를 가집니다.

1. 교회 밖에는 인간의 구원이 없다.

교회 밖에는 구원이 없습니다. 교회 밖에는 구원이 없다는 이 말을 가슴 깊이 새기시길 바랍니다. 한 가지 오해하지 말아야 할 것은, 교회 밖에는 구원이 없다는 말은 구원이 교회 안에서만 이루어진다는 의미는 아닙니다. 구원을 받는 일은 길을 가다가 전도자의 전도를 받고, 예수님을 영접할 때에도 일어날 수 있습니다. 등산하다가 예수님 믿는 사람을 만나서, 복음을 듣고 믿음을 가질 수도 있습니다. 직장에서든지 가정에서든지 어디서나 복음을 듣고 예수님을 믿을 수 있습니다. 그렇기 때문에 교회 밖에 구원이 없다는 말의 의미는, 구원의 복된 소식은 주님이 세우신 교회를 통해서만 흘러나온다는 의미입니다. 길을 가다가 만나는 전도자도 교회에 속해 있습니다. 세상에 복음을 들려주는 기관 및 단체는 교회밖에 없습니다. 세상 사람들은, 기독교에만 구원이 있다고 하는 것은 종교다원주의 시대에 맞지 않는 독선적인 이야기라고 합니다. 그래서 다른 종교도 각자 구원의 길이 있다고 주장합니다. 그들의 주장은 매우 잘못된 주장입니다. 성경에서 이야기하기를, 구원의 길은 예수 그리스도를 믿는 길 외에 다른 길이 없다고 말합니다. 그런 의미에서, 그리스도께서 세우신 교회 중심의 삶을 산다는 것은 인간의 구원과 관련하여 매우 중요한 것입니다.

세상 사람들이 말하는 종교는, 그들이 만든 신을 섬기고, 사람들이 만든 수공물을 섬기는 것에 불과합니다. 그러한 우상을 의지하는 사람들은 결국 다 망하게 됩니다. 왜냐하면 그러한 것들은 모두 인간의 운명과 같이 시간이 지나면 변하고 사라지는 것들이기 때문입니다. 그러나 하나님께서는 우리 인간의 운명과 같이 하는 신이 아닙니다. 우리가 죽더라도 하나님께서는 살아계십니다. 성경이 우리에게 분명히 말씀하기를, 우상들은 손으로 만든 수공물에 불과하지만, 하나님께서는 천지를 창조하신 분이라고 말씀합니다. 하나님께서는 태초부터 세말까지 영원토록 있으시며, 처음이고 나중이며, 하나님 외에는 다른 신이 없다고 말씀하십니다. 또한 하나님께서는 이러한 사실을 알지 못하는 인간들을 불쌍히 여기시어 이스라엘을 택하시고, 그 민족을 통해 메시야를 보내시고, 그 메시야를 통해 온 땅에 하나님만이 참 신이심을 가르쳐 주신 것입니다. 그리고 이 예수님께서 인간의 죄를 대신하여 자신을 대속물로 드려, 누구든지 예수님을 믿기만 하면 멸망치 않고 죄사함을 얻으며 영생을 선물로 받는다는 놀라운 길, 복음의 길을 열어주신 것입니다. 이 복음은 바로 교회를 통해 세상으로 흘러가는 것입니다. 그러므로 세상 사람들이 자신들의 종교에도 구원이 길이 있다고 이야기하는 것은 거짓된 것입니다. 진리이시며 영원하신 하나님께서는 예수 그리스도를 믿는 길 만이 유일한 구원의 길이라고 말씀하십니다. 우리는 이 사실을 부정할 수 없기에, 이러한 구원의 복음을 전하는 교회 중심의 삶을 살지 않을 수 없습니다. 참된 구원은, 교회에 맡기신 이 복음을 통해서만 이루어집니다.

세상의 많은 종교들은, 한 가지 공통된 것을 강조합니다. 즉, 그들은 인간이 신을 위해서 하는 일을 강조합니다. 그들은 사회통념상 어그러지지 않은 착한 행실을 근거로 구원의 길을 이야기합니다. 착하게 살고 열심히 살면 구원받을 수 있다고 주장합니다. 그러나 기독교의 가르침, 교회의 가르침은 그렇지 않습니다. 교회에서는 자신의 하는 일과 행위 보다 하나님께서 하신 일을 강조합니다. 다른 종교인들은 하나같이 인간의 행위와 공로와 노력과 정성으로 인해 구원받는 길을 이야기합니다. 그래서 선한 의지와 노력에 의해 구원이 이루어지기도 하고 신에게 버림을 받기도 한다고 생각합니다. 그러나 교회에서 말하는 구원, 기독교에서 말하는 인간의 구원은 인간의 정성, 수고, 땀, 노력, 공로, 헌신에 의해 이루어지지 않고, 전적으로 하나님의 은혜로 이루어지는 것입니다.

우리가 할 수 있는 일은, 죄 짓는 일 밖에 없습니다. 내세울만한 일도 역시 죄 짓는 일 밖에 없습니다. 이러한 우리가 구원함을 받는 것은, 우리 자신이 한 일에서부터 비롯된 것이 아니라, 하나님께서 죄 많은 우리들을 위하여 죄 없으신 예수 그리스도를 이 땅에 보내서서, 우리가 받아야 하는 모든 형벌, 고통을 받으시므로, 누구든지 이 예수님을 믿으면 죄사함을 받고 구원을 선물로 받는 것입니다. 이것은 하나님께서 정하신 것입니다. 인간이 정한 것도 아니고, 교회가 정한 것도 아닙니다. 인간이 정한 것이라고 한다면, 교회가 정한 것이라고 한다면 이는 믿을만하지 못할 수 있습니다. 그러나 인간이 정한 것이 아니라 하나님께서 그렇게 정하신 것입니다. 거짓말을 하실 수 없으시고 불변하시는 하나님께서 정하신 것입니다. 이 길 외에는 다른 길이 없다고 정해 놓으신 것입니다. 그렇기 때문에, 이를 믿어야 합니다. 아무리 아니라고 인간의 생각과 논리로 항변해 보았자, 그것은 우리의 헛된 논리일 뿐입니다. 하나님께 구원을 받을 수 있는 유일한 길은 예수 그리스도를 믿는 길 밖에 없는 것입니다. 이 예수 그리스도를 영접해야 합니다. 그러나 심지어 예수 그리스도를 영접하는 것 까지도, 자신의 의지적인 결단으로 다 가능한 것이 아니고, 하나님의 불가항력적 은혜로 말미암은 것입니다. 도저히 거부할 수 없는 하나님의 강력한 은총의 역사로, 사도 바울이 예수님을 믿기 전에 예수님을 믿는 사람들을 모두 잡아 죽이려고 다매색 도상으로 가다가 위에서부터 내리는 하나님의 은혜로 말미암아 거부할 수 없는 은혜를 받게 된 것 같이 거부할 수 없는 역사입니다. 예수님을 믿는 사람을 다 잡아 죽이는 일에 뛰어든 사람이, 하나님 앞에 무릎 꿇고 하나님께서 하신 일들을 믿게 된 것입니다. 에베소서 3장에서 이야기하는 바와 같이, 그를 통하여 이방인에게 하나님의 구원의 복음이 증거되도록 만드신 것입니다. 구원이 유대인에게서 비롯되었듯이, 하나님께서는 지금도 교회를 통해서 사람들을 구원하십니다.

이러한 의미에서, 교회 밖에는 구원이 없습니다. 교회는 예수님을 믿는 사람들끼리만 모여 있는 유람선이 아닙니다. 교회는 진리의 기둥과 터이기 때문에, 진리이신 예수 그리스도를 전하여 죄에 종노릇 하는 자들을 구원하는 구조선이고 생명선입니다. 망망대해에 빠져 길 읽고 헤매는 인생들에게 복음을 전하여 영원한 항구인 그리스도의 품 안으로 인도하는 일을 해야 하는 것입니다. 사람들이 바다에 빠져 죽든지, 한 겨울에 얼어 죽든지, 배고파 굶어 죽든지, 병에 걸려서 죽든지, 사고로 죽든지 상관없이, 그 죽을 수밖에 없는 인생들에게 생명의 복음을 전하여, 다시는 목마름도 없고 굶주림도 없고 사고나 고통이나 아픔도 없는 영원한 생명수를 마시게 해 주는 일이 교회가 할 일입니다.

교회의 머리이신 예수 그리스도께서는, 교회를 떠나 구원하시는 일은 없습니다. 교회는 은혜의 통로입니다. 죄와 허물로 죽은 자들을 살리는 은혜의 물결이 흘러넘치는 곳입니다. 그 일을 하도록 주님께서 이 땅에 교회를 세우신 것입니다. 그렇기 때문에 교회를 떠나 은혜의 복음을 들을 수 없습니다. 우리는 교회를 떠나 살아계신 하나님을 만날 수 없습니다. 교회를 떠나 죄사함을 받고 영생을 선물로 받을 수 없습니다. 길거리에서 전도를 받고, 복음을 듣고, 예수님을 믿은 사람들도, 교회에 속해 있는 하나님의 자녀들을 통하여 복음을 들었기 때문에 교회를 통해 구원 받은 것입니다. 그렇기 때문에 교회 중심의 삶을 살아가는 것입니다.

어떠한 사람들은, 구원을 받았으니 이제 교회를 떠나도 되는 것이 아니냐고 질문하곤 합니다. 그러나 교회는 구원을 받기 위해 다니는 것이 아닙니다. 많은 사람들이 교회를 다니는 이유를 구원받기 위해서 다닌다고 잘못 이야기하곤 합니다. 그러나 교회는 구원받기 위해 다니는 것이 아닙니다. 성경에서 이야기하고 있는 교회는 구원받은 사람들의 모임입니다. 이미 하나님 나라에 들어갈 수 있는 믿음을 가진 사람들의 모임입니다. 그렇다면 구원을 받았는데 교회를 다니는 이유는 무엇일까요?

사람은 태어났을 때부터 사람입니다. 아무리 어린아이라 하더라도 새나 짐승이 아니고 사람입니다. 그러나 막 태어난 어린아이가, 자신은 인간으로 태어났기 때문에 부모님이 필요 없다 하고 집을 떠날 수는 없습니다. 왜냐하면 그들은 어린아이이기 때문입니다. 성도들이 구원을 받았다고 해서 교회를 떠나면 안 되는 이유가 이와 같습니다. 구원을 받았다고 해서 바로 세상으로 나갈 수 없는 것입니다.

2. 교회는 신자들의 어머니이다.

교회는 신자들의 어머니입니다. 아이가 세상에 태어나면 그를 돌보고 씻기고 먹이고 입히고 올바른 교육을 시키고 성인이 되어 장성한 분량에 이르기까지 양육하듯이, 성도들도 구원을 받았으면 교회라고 하는 어머니의 품 안에서 온전한 그리스도인이 되기까지 양육과 돌봄이 필요한 것입니다. 어린아이와 성인은 모두 사람이라는 점에서는 동일합니다. 사람이 가지는 모든 기능적인 것들을 동일하게 가집니다. 어린아이의 손은 손의 역할을 하지 못하는 것이 아닙니다. 그러나 어른 손하고 어린아이의 손은 차이를 가집니다. 그 역할에서의 차이가 아니라, 힘에서의 차이를 가집니다. 성인은 돌덩이도 들 수 있는 힘을 가지지만, 어린아이는 숟가락이나 과자 정도 밖에 들지 못합니다. 그러한 어린아이도 지속적인 영양 공급이 이루어지면 점점 힘이 강하여 져서 장성한 사람, 힘을 쓸 수 있는 사람이 되는 것입니다. 우리가 그리스도의 품을 떠나면 안 되는 이유도 이와 같습니다. 우리가 처음 예수님을 믿었을 때, 구원을 받았습니다. 그러나 그리스도 안에서 장성한 사람,

힘을 쓸 수 있는 장성한 사람으로 자라기 위해서는 끊임없는 영양 공급이 필요한 것입니다. 훈련을 받아야 하고 돌봄을 받아야 합니다. 이러한 측면에서 교회를 성도들의 어머니라고 이야기합니다.

초대교회 교부인 시프리안은 (Cyprian) 이렇게 이야기하였습니다.

성도가 교회를 어머니로 모시지 않으면 하나님을 아버지로 모실 수 없다. (Iam non potest Deum patrem, qui Ecclesiam non habet matrem)

이 말을 받아, 종교개혁자 칼빈은 교회를 신자들의 어머니라고 이야기했습니다. 요즘 진보적인 여성 신학자들이나 여호와의 증인들 및 여러 이단들은 하나님 아버지가 있으니 하나님 어머니도 있어야 한다고 하며 하나님 어머니를 만들어내곤 합니다. 더 심한 것은, 하나님 아버지라 말하는 대신 하나님 어머니라고 부르라고 가르치기도 합니다. 그러나 성경은 그 어느 때에도 하나님 어머니라는 말을 이야기한 적이 없습니다. 하나님께서 자신을 아버지라고 말씀하신 이유는, 우리의 생각대로 아버지가 있으면 어머니도 있다고 만들어내기 위함이 아니라, 아버지가 자식들을 돌보고 지키고 책임지듯이 우리들을 떠나지 않고, 버리지 않고 항상 함께하여 보호하고 인도하겠다는 측면에서 우리 인간들의 이해를 돕기 위해 사용한 용어일 뿐입니다. 절대로 하나님 어머니가 있다는 것을 보여주시기 위해 아버지라는 용어를 사용한 것이 아닙니다. 사도바울은 고린도전서 4장 15절에서 이와같이 말합니다.

> 그리스도 안에서 일만 스승이 있으되 아비는 많지 아니하니
> 그리스도 예수 안에서 복음으로써 내가 너희를 낳았음이라
> (고전 4:15)

사도바울이 아비라는 말을 사용한 것은, 여성 혐오주의적인 마음으로 어미라는 말을 사용하기 싫어서 아비라는 말을 사용한 것이 아닙니다. 그가 이야기하고 있는 것은, 자신의 목회가 성부 하나님의 마음을 가지고 성도들을 돌보고 있음을 강조하기 위함인 것입니다.

그러므로 성도는 하나님을 아버지로 모시고 사는 자요, 동시에 교회를 어머니로 간주하여 그리스도 예수의 장성한 분량에 이르기까지 성장하는 일을 위하여 지속적으로 필요한 양분을 공급받고 돌봄을 받아야 합니다. 이러한 차원에서 교회는 성도들의 어미니라고 이야기하는 것입니다. 교회는 성도들의 어머니이기 때문에, 성도는 교회를 떠나서 살 수가 없습니다. 이것이 교회 중심의 삶을 의미합니다.

자식은 어미의 품을 좋아합니다. 군대에 갔을 때, 그 군대에서 부모님을 부를 때에, 주로 아버지를 부르지 않고 어머니를 외쳐 부르곤 합니다. 어머니의 품은 편안하고, 그 안에서 안식을 얻으며 기쁨을 얻을 수 있는 곳입니다. 교회는 영혼의 고향집과 같은 곳입니다. 밖으로 나가 돌아다니다 때가 되면 집으로 돌아오듯이, 성도들의 영적 성숙에 필요한 모든 신령한 양식을 공급받고 안심하며, 강한 그리스도인으로 훈련받아 세상에서 빛과 소금이 되는 역할을 감당하도록 도와주는 곳이 교회입니다.

이러한 의미에서 성도들은 자신의 거주지 또한 예배당 주변으로 구하곤 합니다. 물론, 오해하지 말아야 할 것은, 교회 중심이라고 할 때, 이는 장소적인 의미에서 예배당을 뜻하는 것은 아닙니다. 하여간, 현대 사회에서 산업사회 이후로, 세상 사람들이 정하는 거주지는 주로 일자리를 중심으로 정해지곤 합니다. 일자리가 바뀌면 일자리를 따라 거주지를 옮기곤 합니다. 그러나 성도는 직장을 따라 집을 마련하는 것도 좋지만, 참된 교회를 정하고 그 주변에 거처를 마련하는 것이 더욱 중요합니다. 우리가 일하는 일터는 영원한 것을 추구하는 장소가 아닙니다. 직장 생활을 평생에 걸쳐 하지도 않습니다. 이는 매우 일시적인 문제를 해결하기 위한 장소일 뿐입니다. 그러나 교회는 그렇지 않습니다. 교회는 땅에 사는 동안뿐만 아니라 영원을 위한 곳입니다. 건강하고 튼

튼한 성도로 자라기 위해서는 교회를 통한 지속적인 양육이 필요하기에, 성도들이 그 집을 교회 중심으로 정하는 것은 매우 중요합니다.

에베소서 2장 20절에, 성도는 사도들과 선지자들의 터 위에 세우심을 입은 자라고 이야기합니다. 이를 다른 말로 이야기하면, 교회는 말씀 중심이어야 한다는 것입니다. 사도들과 선지자들은 하나님의 말씀을 전해주는 자들이기 때문입니다. 그러한 하나님 말씀 중심의 교회에서, 예수 그리스도의 지체인 성도들이 교회를 통하여 필요한 영양분을 공급받아 하나님이 거하시는 하나님의 처소로 지어져 가는 것입니다. 교회는 모두 완성된 것이 아닙니다. 교회는 하나님이 거하시는 처소로 함께 지어져가는 것입니다. 그 함께 지어져 가는 과정은, 하나님께서 교회를 통해 끊임없이 우리에게 필요한 양분을 공급하시는 것을 의미합니다. 교회를 통해 끊임없이 돌봄과 영육을 받아, 그리스도 안에서 장성한 자가 되게 하시는 것입니다.

우리 모두에게는 부모가 필요합니다. 부모가 필요 없다고 말하는 사람은 불효자입니다. 어떠한 일이 있어도, 부모님께서 계시는 것이, 계시지 않는 것보다 좋습니다. 그러나 육신의 부모는 우리를 떠날 수밖에 없습니다. 다 떠나가게 됩니다. 그러나 영의 아버지이신 하나님은 우리를 버리거나 떠나가시지 않습니다. 요람에서 무덤까지만 함께 하시는 것이 아니라, 무덤 너머에서 사는 영원한 때까지, 알파와 오메가로, 처음과 나중으로, 영원토록 우리와 함께 하십니다. 이 놀라운 은혜를, 우리는 종종 잊고 삽니다. 하나님의 품 안에 있는 것이 인간의 가장 큰 행복이라는 것을 우리는 잊어서는 안 됩니다.

교회에 나와 성도들과 함께 하나님을 예배하고 우리의 참 부모이신 하나님을 섬기는 일은 매우 즐겁고 복된 것입니다. 끝 날이 다가올수록, 이 날을 더욱 사모하고 더욱 모이기에 힘써야 할 이유가 바로 여기에 있습니다. 그것이 성도들의 위로이고, 성도들의 힘이고, 성도들의 행복이고, 성도들의 만족입니다. 세상에서는, 어느 정도 성장하면 자신의 짝을 만나 분가하여 새로운 가정을 이룹니다. 그러나 영적인 세계에서는 하나님의 교회를 떠나 분가하거나 독립하는 일이 없습니다. 에베소서 2장에서 이야기하는 것처럼, 우리는 예수님을 믿게 되면 성도들과 동일한 시민이 되는 것이고, 하늘나라 왕실 백성의 일원이 되는 것입니다. 즉, 하나님의 왕실 백성이 되었으니 독립하여 자신의 왕국을 이루면서 사는 것이 아닙니다. 예수님을 믿게 되면 모든 성도들이, 앞서간 모든 믿음의 선진들과 동일한 시민이 되는 것이고, 동시에 하나님 나라의 왕실 백성으로 사는 것입니다. 하나님께서 그렇게 하십니다. 그 왕실 백성이 되는 것이지, 독립하는 것이 아닙니다. 왜냐하면 하나님께서 교회를 떠나 생명을 유지할 수 없다고 정하셨기 때문입니다.

교회는 교회로서의 역할에 충실해야 합니다. 교회를 목양하기 위하여 세움을 받은 목사는 성심을 다하여 주님의 양들을 보살피고 양육해야 합니다. 왜냐하면 목사는 그 일을 위하여 부르심을 받은 자이기 때문입니다. 그래서 사도바울은 골로새 교회에 편지하면서 1장 25절에서, 다음과 같이 이야기하였습니다.

내가 교회 일꾼 된 것은 하나님이 너희를 위하여 내게 주신 경륜을 따라 하나님의 말씀을 이루려 함이니라 (골 1:25).

하나님께서 목사를 택하여 일꾼 삼으신 것은, 성도들을 위하여 그에게 주신 하나님의 경륜을 따라 하나님의 말씀을 이루려 함입니다. 여기서 하나님의 말씀을 이룬다는 것은, 하나님을 말씀을 밝히 알게 하려 하는 것을 의미합니다. 즉, 목사의 주된 일은 성도들로 하여금 하나님의 말씀을 밝히 알아서, 그 말씀으로 양육되어지고 훈련되어지고 그리스도 안에서 장성한 사람이 되도록 하게 하는 일입니다. 교회의 일꾼들은 이러한 사명을 망각해서는 안 됩니다. 그러므로 교회의 일꾼으로 부르심을 받은 모든 성도들은 교회를 떠나지 않고 그 안에서 온전한 사람이 되기까지 충분한 영양분을 공급받고 세상에서 빛과 소금이 되는 역할을 감당하기 위해 노력해야 합니다.

교회에는 교회의 녹을 받고 일하는 직원들이 있습니다. 목사를 포함해서, 교회에서 일하는 직원들이 주의할 것은, 교회를 직장으로 생각하는 잘못을 저지르면 안 된다는 것입니다. 그것은 굉장히 큰 죄를 범하는 것입니다. 비록 교회의 필요로 직원들을 고용하여 일을 한다 하더라도, 그것은 하나님의 몸 된 교회의 한 일원으로 하나님의 교회를 세워가는 일에 종사하는 것이 되어야 합니다. 그렇기 때문에 교회 관리인, 사무원, 부교역자들도 하나님의 교회의 일원으로 하나님의 교회를 세워가는 것을 가장 중요시 여겨야 합니다.

오늘날 젊은 부부들이 아이들을 낳고 키울 때, 아이들의 필요한 모든 것을 다 맞춰주면서 응석받이처럼 키우는 모습을 종종 볼 수 있습니다. 아이들이 일어나고 걷고 뛰어다닐 수 있는 나이가 되었는데도 불구하고, 스스로 옷도 입을 수 있고 밥도 먹을 수 있는 나이가 되었는데도 불구하고, 아이들을 쫓아다니며 밥을 먹여주고 옷을 입혀주는 부모들이 있습니다. 그러나 이러한 방법으로 양육하는 것은 매우 잘못된 방법입니다. 아이들이 스스로 할 수 있는 나이가 되면, 스스로 하는 법을 배워야 합니다. 이러한 것은 영적 세계에서도 동일하게 적용됩니다. 예수님을 믿고 신앙생활 한 지 오래 되어서 선생이 되어야 하고 장성한 사람이 되어야 하는데, 아직까지 어린아이의 모습을 버리지 못하는 성도들이 있습니다. 이것은 불행한 일입니다.

어느 전직 장관이 유치원을 방문하여 유치원생들에게 몇몇 이야기를 하는 모습을 언론을 통하여 본 경험이 있습니다. 그 장관은 유치원생들에게, 자신과 같이 장관이 되기 위해서는 항상 일등만 해야 하고 유학까지 갔다 와야 한다고 이야기하는 것을 보았습니다. 매우 안타까운 모습이지만, 오늘날 세상에서 말하는 경쟁사회의 모습이 이러합니다. 세상의 경쟁 사회에서는 남을 딛고 일어서야 살아갈 수 있다고 가르칩니다. 정치인들이 광분하여 서로를 비방하고 헐뜯는 것은, 그렇게 해야 자신이 살아남을 수 있다고 생각하기 때문입니다. 그러나 성경은 그렇게 가르치지 않습니다. 성경의 가르침은 자신의 유익을 구하지 말고 남의 유익을 구하라고 가르칩니다. 장관이 되는 것, 국회의원이 되는 것, 대통령이 되는 것만이 국가나 사회에 공헌하는 방법이 아닙니다. 오히려 세상에서 높은 지휘에 있는 사람들 중, 법원이나 감옥에 가지 않은 사람은 매우 찾아보기가 쉽지 않습니다. 진실로 다른 사람들을 행복하게 해주고 윤택한 삶을 살아갈 수 있게 하기 위한 길은 복음을 통하는 길이 유일합니다.

예수님께서 교회를 세우실 때, 그 교회를 단순히 성도들의 모임으로만 세워놓으신 것이 아닙니다. 사실, 주님께서는 교회를 신적인 기관(Divine Institution)으로 세우셨습니다. 세상에 학교가 있는 이유는, 학교를 통해서 훌륭한 사람들을 길러내어 사회에 기여하는 사람을 만들기 위함인 것입니다. 이와 마찬가지로 하나님께서 교회를 세우신 이유는 단순히 믿는 사람들이 모이는 것만을 위함이 아니라 교회를 통하여 하나님의 사람들이 양성되고, 사회 각처에서 주님의 뜻을 펼쳐가는 일꾼들이 되게 하기 위하여 세우신 것입니다. 이러한 일꾼을 양성하는 일은, 교회에서 영어를 가르침으로 이루어지는 것이 아니고, 교회에서 윤리를 가르침으로 되는 것이 아니라, 교회에서 복음을 전하고 가르침으로, 사람들이 그 복음을 듣고 마음으로 받아서, 그 복음에 합당한 삶을 살게 만들고, 이를 통하여 사회에 기여하는 일꾼을 길러내는 것입니다. 그렇기 때문에 주님을 본받아 사는 그리스도인들은 자신의 본능을 좇아 살아가는 사람들이 아니라 세상과 마귀에 속해 있는 육체적인 것들을 다 버리고 진리 가운데로 이끄시는 성령님의 인도하심을 받아, 오직 위에서부터 비롯된 지혜인 성결함과 화평함과 관용과 양심과 긍휼과 선한 열매가 가득한 길로 나아가는 사람입니다. 바로 이 길은 주님께서 교회를 통하여 성도들에게 공급하시는 하늘의 생명수로만 갈 수 있는 길입니다.

교회는 성도의 어머니라는 말에서 성도들이 잊지 말아야 할 사실이 있습니다. 이는, 하나님의 교회를 세워가는 일에 성도들이 각자 해야 할 역할이 있고, 이를 충실히 수행해야 한다는 사실입니다. 부모가 자녀를 양육하듯 교회가 성도를 양육하고 훈련시키는 이유는 그들이 그리스도의 군사가 되어 주님의 교회를 더욱 든든히 세워가는 일에 기여하는 사람으로 자라나게 하기 위함입니다. 주님의 교회가 더욱 튼튼한 교회가 될 때, 성도들이 사회에서 정치가가 되든지, 과학자가 되든지, 경제인이 되든지, 공무원이 되든지, 사업가가 되든지, 어떤 일을 하든지, 그 개개인이 서 있는 자리에서 하나님의 능력을 발휘하는 사람이 될 수 있습니다.

철이 없는 자녀들이 있습니다. 철이 없는 자녀들은 대부분 부모를 속상하게 하곤 합니다. 그러나 이와 반대로, 일찍 철이 든 자녀들도 있습니다. 그들은 부모를 기쁘게 하는 일들을 많이 생각합니다. 성숙한 성인이 되었다는 것은, 그만큼 부모님을 기쁘게 해 드리기 위한 일들을 많이 생각한다는 것입니다. 영적으로 볼 때, 하나님의 교회를 세워가는 일에 하나님의 자녀로서 해야 할 일을 생각하는 자가 성숙한 하나님의 자녀입니다. 교회에서 장로, 권사, 집사 등의 직분을 가지게 된 이유는, 그러한 직분을 가지게 됨으로 교회에서 많은 것들을 받기 위함이 아닙니다. 하나님께서 우리들을 부르셔서 목사와 장로로, 집사와 권사로 세워주신 것은, 하나님의 교회를 세워가게 하시기 위함입니다. 이 교회를 세우기 위하여 얼마나 기여하고 계십니까? 시간이 지날수록 그 기여하는 정도가 많아지는 복된 성도가 되시기를 바랍니다.

종교개혁자 존 칼빈은 주님의 교회가 세상 곳곳에 세워지기를 열망하였습니다. 그래서 그는 종교개혁 당시인 16세기에 브라질까지 선교사를 파송하였습니다. 또한 유럽 전 지역에서 하나님의 신실한 사람들을 훈련시키는 일을 하여, 지금 전 세계에 있는 교회들을 통하여 진리의 말씀이 흐르게 하는 발판을 닦았습니다. 이러한 모습이 오늘날 교회의 사명입니다. 많은 사람들이 바른 진리를 듣기 싫어하고, 자신의 사욕에 따라 가려운 귀를 긁어주는 사람들을 찾으며 그들의 말에 따라 허탄한 이야기를 따르기 좋아하는 오늘날, 하나님께서 교회를 진리의 기둥과 터로 이 세상에 세우신 이유는, 하나님의 진리의 말씀이 교회를 통하여 흐르게 하시기 위함입니다.

이번에 필리핀 선교지에 방문하여 개혁주의 세미나를 하고 왔습니다. 그 일정 가운데, 많은 감동을 받았습니다. 가장 많이 감동 받은 부분은, 파송한 선교사님을 비롯하여 현지 교회 지도자들이 세미나를 통하여 많은 변화를 가지게 되었다는 점입니다. 그들은 완전히 새 사람이 되다시피, 죽었다가 살아났다고 고백하곤 하였습니다. 사실, 그 현지 교회의 지도자들이 누구인지, 안면이 있었던 것은 아닙니다. 서로 반신반의하는 모습으로 만나서 세미나를 참석했던 것입니다. 안타깝게도, 필리핀에 있는 현지 교회 지도자들은 한국의 목사님들을 많이 신뢰하지 못합니다. 마치 나사렛에서 무슨 거룩한 것이 나오겠느냐는 생각과 같이, 한국에서 오는 것을 꺼림칙하게 여기기도 합니다. 왜냐하면 그들이 한국인 선교사와 목사들에게 당한 설움이 많기 때문입니다. 그들과 함께 세미나를 하였는데, 그 세미나의 첫 강의가 끝났을 때, 사람들이 열광하는 모습을 볼 수 있었습니다. 하나님께서 진리를 듣고 싶어 목말라 하던 현지 교회 지도자들에게 진리의 말씀을 들려주신 것이었습니다. 우리가 가진 바, 이 진리는 참된 것이고, 하나님께서는 교회를 통하여 이 진리가 흐르고 넘치게 되기를 기뻐하십니다. 그러나 이 진리를 듣지 못한 사람들이 이 세상에는 너무나도 많이 있습니다. 그리스도인들은 특별히 개혁교회 성도들은 이 사실을 항상 기억해야합니다. 세상에는 진리를 듣고 싶어 하는 사람들이 매우 많습니다. 그러나 진리를 말해주는 사람들을 찾기가 매우 어렵습니다. 많은 성도들이 이 진리를 세상에 흐르게 하는 일에 크게 기여할 수 있게 되기를 바랍니다.

교회 중심이라는 말은 예배당 중심이라는 말이 아닙니다. 한국 교회가 가지는 여러 폐단 중 하나가, 많은 사람들이 예배당 중심의 삶을 살고 있다는 사시입니다. 그로 인하여, 많은 시간을 교회모임에 참석하고 교회를 위하여 많은 일을 하는 사람들이, 신앙이 좋고 믿음이 좋은 사람으로 착각하곤 합니다. 물론, 교회에서 많은 시간을 보내는 것은 좋지만, 그렇게 하면 진리에 목말라하는 세상에는 누가 복음을 전할 수 있겠습니까? 성도는 세상의 빛과 소금이 되어야 합니다. 그래서 그리스도인들은 세상 동네에 가서 모임에도 참석하고 반상회에도 참석해야 합니다. 그러한 길을 통하여 세상 사람들에게 올바른 길이 무엇인지를 보일 수 있는 것입니다.

20세기 중반에, 인도의 간디가 말하기를, 그는 예수님을 매우 존경하지만 예수님을 따르는 사람들을 싫어한다고 이야기하였습니다. 오늘날 교회를 다니는 많은 사람들이 세상 사람들에게 욕을 먹는 일이 많습니다. 그들은 기독교를 개독교라고, 목사를 먹사라고 비하하곤 합니다. 그러한 사람들에게 우리는 정말 그리스도인들의 삶이 어떠한 모습인지를 보여줘야 합니다.

개혁교회는 말씀 중심의 교회를 추구하고, 하나님 중심의 교회를 추구하며, 교회 중심의 삶을 이야기합니다. 교회 중심의 삶을 살아야 하는 가장 큰 이유는, 이 교회가 주님의 교회이기 때문입니다. 주님의 교회를 통해서만 인간의 구원이 일어나게 됩니다. 또한, 성도들이 그리스도 안에서 장성한 분량으로 성장하기 위하여 하나님께서 교회를 신적 기관으로 세우셨습니다. 그래서 교회를 떠나서는 절대로 영적인 성숙이 일어날 수 없는 것입니다. 무교회주의자들이 미혹하여, 교회를 다닐 필요가 없고 미디어나 매체를 통하여 신앙생활 하는 것도 괜찮다고 하는 거짓된 말에 귀 기울이 필요가 없습니다. 하나님께서 피 흘려 세

우신 교회를 진리의 기둥과 터로 세워가는 일에 많이 힘쓰는 성도가 되
시기를 기원합니다.

교회에 주신 예수 그리스도의 선물: 말씀 선포자

주님의 참된 교회는 말씀 중심의 교회이고 하나님 중심의 교회입니다. 또한 성도들의 삶은 교회 중심의 삶입니다. 교회 중심의 삶에 대하여, 지난 시간에, 교회 밖에는 구원이 없고, 하나님께서는 교회를 통해서 죄인들을 구원하신다는 이야기를 하였습니다. 또한 교회는 성도들의 어머니이므로, 교회를 통하여 신령한 양식을 공급받고, 생육하고 성장하여 주님을 닮은 온전한 그리스도인으로의 성장이 이루어진다는 것을 이야기하였습니다. 이번에는 교회 중심의 삶에 대한 세 번째 이야기로, 말씀의 사역자들에 대하여 살펴보도록 하겠습니다.

교회의 주인이 되시는 예수님께서 죄와 사망의 권세에서 승리하시고 40일 동안 이 땅에 계시면서 제자들을 만나시고 많은 말씀을 해 주셨습니다. 그리고 하늘로 올라가실 때에, 교회에 선물을 주시고 올라가셨습니다. 이 선물, 교회에 주신 선물은 에베소서 4장 11절에서 살펴볼 수 있습니다.

> 그가 혹은 사도로, 혹은 선지자로, 혹은 복음 전하는 자로, 혹은 목사와 교사로 주셨으니 (엡 4:11).

에베소서 4장 7절에서, 예수님께서 승천하시면서 각 사람들 그리스도의 선물의 분량대로 은혜를 주셨다고 기록하였습니다. 또한 주님께서 교회에 주신 선물이 있는데, 이 선물은 사도요, 선지자요, 복음 전하는 자요, 목사요, 교사라고 말씀합니다. 그 중에서 열한 사도와 선지자의 직임은 더 이상 존재하지 않는 것임을 에베소서 3장 5절과 6절을 통하여 엿볼 수 있습니다.

이제 그의 거룩한 사도들과 선지자들에게 성령으로 나타내신 것 같이 다른 세대에서는 사람의 아들들에게 알게 하지 아니하셨으니 이는 이방인들이 복음으로 말미암아 그리스도 예수 안에서 함께 후사가 되고 함께 지체가 되고 함께 약속에 참예하는 자가 됨이라 (엡 3:5-6).

과거에 하나님께서 사도들과 선지자들을 통하여 복음을 전하시고, 하나님 나라 백성으로 삼으시고, 그리스도 안에서 하나님 나라를 유업으로 받는 상속자가 되게 하신 일은 이제 멈추어지고, 이방인들로 하여금 복음을 듣게 하신 것입니다. 즉, 사도들과 선지자들을 통하여 믿은 사람들이 사방에 흩어져, 주 예수그리스도를 믿으라 그리하면 너와 네 집이 구원을 얻으리라고 선포하시는 그 복음을 듣고 이방인들도 동일한 하나님 나라의 시민이 되게 하신 것입니다. 따라서 신구약 성경이 완성된 후에는, 더 이상 사도들과 선지자들에게 임하셨던 방식으로 하나님의 교회에 임하시는 것이 아니고 그 말씀을 대언하라고 세워주신 하나님의 일꾼이 있는 것입니다. 그들이 바로 복음 전하는 자들과 목사와 교사들을 의미합니다. 여기서 말하는 복음 전하는 자들 즉, 사도시대에 복음을 전하는 자들은 오늘날 우리가 말하고 있는 전도자를 말하는 것 보다 조금 다른 특별한 직임을 의미합니다. 그들은 스데반 집사와 빌립 집사와 같이 복음을 전하는 일에 전력을 다했던 사람들입니다. 물론 복음을 전하는 일은 오늘날 모든 성도들이 해야 하는 일이지만, 그 일에 있어 주님께로부터 매우 특별한 은사를 받아, 하나님의 말씀을 전하는 사람들이 있었습니다. 이 직임들은 오늘날 목사와 교사라고 하는 직임에 함축되어 존재하고 있습니다. 사도직과 선지자직은 더 이상 존재하지 않지만, 그 직분의 기능들은 여전히 교회 안에 남아 있습니다. 이는 성경 곳곳에서 찾아볼 수 있습니다. 예를 들어, 사도행전 20장에, 사도 바울이 에베소 교회의 장로들에게 청하여 교회를 맡기고, 그들에게 하나님의 은혜의 말씀을 당부하는 내용을 볼 수 있습니다. 그리고 에베소 교회에 편지하면서 목사와 교사라는 이름을 언급하고 있습니다. 이때에 에베소 교회를 목양하고 있던 디모데에게 쓴 편지를 보면, 디모데 후서 5장 17절에, 잘 다스리는 자와 그 중에 말씀과 가르침에 수고하는 자들에 대한 언급이 있습니다. 디모데에게 잘 다스리는 자와 그 중에 말씀과 가르침에 수고하는 자들을 언급한 것은, 에베소서 4장 11절에 나오는 목사와 교사로 주셨다는 말과 동일한 의미를 가지는 말입니다.   목사라는 말의 헬라어 원어는 포이멘(poimhvn)으로 목자라는 뜻을 가지고 있습니다. 목자는 양 무리를 치는 일을 합니다. 그리고 교사는 하나님의 말씀을 잘 가르치는 자를 의미합니다. 하나님께서 주님의 교회를 세워가는 일에 목자와 교사로 주었다는 것은 하나님의 말씀을 통하여 양들을 치리하고 그 말씀을 잘 가르치는 직분자를 주셨다고 하는 것을 의미합니다.

주님께서 교회에 주신 이 다섯 가지 선물을 살펴보면, 공통적인 한 가지 특징을 가지는 것을 찾을 수 있습니다. 이는, 그들 모두가 사람이라는 것과 그 사람들이 하는 역할은 모두 하나님의 말씀을 전하는 것과 관련되어 있다는 사실입니다. 그렇기 때문에 종교개혁 이후의 개혁파 교회는 설교를 매우 중요시 여겼으며, 오늘날까지 교회를 세워가는 일에 그러한 설교관이 매우 중추적인 역할을 감당하고 있는 것입니다. 설교는 단순히 교인들을 교화하기 위한 수단으로 주어진 것이 아닙니다. 교회의 머리이신 그리스도께서 교회에 주신 유일한 선물입니다. 여러 선물을 주신 것이 아닙니다. 여러 상품들을 선물로 주신 것이 아닙니다. 여러 물건들을 우리에게 남겨주신 것이 아닙니다. 한 가지 사실을 우리에게 선물로 주셨는데, 그것이 바로 말씀의 사역자입니다.

이 선물은 두 가지 매우 중요한 특징을 가지고 있습니다. 첫 번째로, 이 선물은 주님이 주신 선물이기 때문에 매우 값진 선물입니다. 만왕의 왕이시고 만주의 주이신 주님께서 교회에 유일하게 주신 선물입니다. 선물은 그 선물을 준 사람에 따라서 다른 가치를 가집니다. 똑같은 것이라 할지라도 낮은 사람이 주는 선물과 높은 사람이 주는 선물은 그 가치가 다릅니다. 왕이 내리는 하사품은 그 것이 어떠한 것이든 매우 귀중한 것으로 여기곤 합니다. 주는 자에 따라서 선물의 가치는 매우 달라집니다. 또한, 이 선물은 우리들이 요구해서 주신 것이 아닙니다. 우리들의 필요했기 때문에 이를 요구했더니 주시는 선물이 아닙니다. 교회의 주인 되신 주님께서 하늘에 올라가시면서 땅에 세운 주님의 교회에 선물을 남겨놓고 가신 것입니다. 주님이 주신 것이기 때문에 더욱 소중한 것입니다. 또한, 많은 선물들 중에 하나가 아니라, 하나밖에 없는 선물이기 때문에 더욱 가치가 있습니다. 생각하면 할수록 너무나도 귀중하고 소중한 선물입니다.

　그러나 오늘날 매우 불행하게도 말씀의 사역자들은 동네북으로 전락되어 버렸습니다. 목사님들도 자신을 소개할 때, 자신이 목사라고 담대하게 소개하기가 부끄러울 지경에 이르렀습니다. 이러한 사태가 벌어진 까닭이 여럿 있으리라 생각되지만, 그 중에서 가장 큰 이유는, 아무나 쉽게 목사가 될 수 있다는 사실 때문이라고 생각됩니다. 고문기술자로 악명이 높았던 사람도 쉽게 목사가 됩니다. 유명한 개그맨이었다가 탈세 혐의로 범죄형을 받게 된 사람도 쉽게 목사가 됩니다. 큰 성범죄를 저질렀던 사람도 쉽게 목사가 됩니다. 누구나 목사가 되기를 원하여 소정의 교육과정을 마치면, 어떠한 사람이라 할지라도 쉽게 목사가 될 수 있기 때문에, 주님께서 교회에 남겨주신 고귀한 선물이 길가에 채이는 돌멩이보다도 못한 존재로 전락되어 버린 것입니다. 그렇기 때문에 주님께서 주신 선물을 매우 하찮게 여기는 성도들이 점점 늘어나고 있습니다. 이러한 현상은 목사들이 스스로 잘못하였기 때문이기도 합니다. 교회에 주신 선물로 그들을 남겨놓으셨음에도 불구하고 남겨놓으신 이유를 망각하여, 허망한 일들에 쉽게 빠져들곤 하기 때문입니다. 목사들이 전심을 다해서 감당해야 할 하나님의 말씀을 선포하고 가르치는 일은 버려두고, 설교를 빙자하여 허탄한 이야기를 늘어놓는 거짓 교사들이 많이 있기 때문입니다. 교회 연합이라는 이야기도 생각을 많이 해 봐야 하는 이야기입니다. 불행하게도 수많은 갈래로 갈라져 버린 한국 교회를 하나 되게 하는 방법에 대하여 많은 사람들이 노력을 기울입니다. 그러나 참된 교사와 거짓된 교사를 규명하는 기준이 없이 참된 교사와 거짓된 교사를 하나로 연합하자고 하는 일은 매우 어려운 일이라 생각됩니다. 단순한 형태의 연합 활동이 하나님의 교회를 위한 것인지는 조금 더 생각할 문제입니다. 물론, 자질이 갖추어져 있지 않은 교사들이 자질을 갖춘 교사들과 서로 연합함으로 양육 받고 교육 받아서 자질을 갖출 수 있을 수는 있다고 생각합니다. 그러나 오히려 자질을 갖추지 못한 사람들이 겉으로만 연합을 외쳐, 그들도 자질을 갖춘 교사가 된 것처럼 스스로를 포장하게 되는 문제도 있습니다. 목사가 되기 위하여 16년 동안 신학공부를 한 저도 빌빌 기고 있는데, 한 두 해를 공부하거나 통신으로 공부한 사람들이 목사가 되는 것은, 심각하게 우려하지 않을 수 없는 문제입니다.

우리는 참된 교사와 거짓된 교사를 분별하는 통찰력이 매우 필요한 시대에 살고 있습니다. 개혁파 교회에서 지향하는 목사의 자질을 이야기할 때, 목사는 첫째도 말씀 선포자, 둘째도 말씀 선포자, 셋째도 말씀 선포자가 되어야 합니다. 그 이상도 그 이하도 아닙니다. 목사는 상담가도 아니고, 지식 전달자도 아닙니다. 목사는 복지 사업가도 아닙니다. 목사는 말씀 선포자입니다. 목회는 목사 개개인의 인격과 인품과 지식으로 이루어지는 것이 아닙니다. 목회는 말씀을 선포하고 가르치는 일을 통하여 이루어져야 합니다. 목사 개인의 인격과 지식은 목양 사역에 도움이 될 수는 있으나, 그것을 목회의 본질로 착각해서는 안 됩니다. 목사는 강단에서 개인의 사사로운 말로 성도들을 회유하고나 미혹케 해서는 안 됩니다. 목사는 오로지 기록된 말씀 밖으로 넘어가지 아니하고 기록된 말씀 안에서 말하고 행동하는 자가 되어야 합니다. 아모스 선지자에게 하신 하나님의 말씀은 다음과 같습니다.

> *주 여호와께서는 자기의 비밀을 그 종 선지자들에게 보이지 아니하시고는 결코 행하심이 없으시리라* (암 3:7).

여호와께서는 자기의 비밀을 당신의 종들에게 보이지 아니하시고는 결코 일하시지 아니하십니다. 아모스는 이에 대하여 8절에 이렇게 이야기합니다.

> *여호와께서 내게 말씀하시니 누가 예언하지 아니하겠느냐* (암 3:8).

하나님께서 불러서 그 말씀을 주심으로, 말씀을 전하는 자가 목사입니다. 하나님께서는 선지자들이 없어도, 사도들이 없어도, 목사들이 없어도 얼마든지 자기 백성들에게 말씀하실 수 있습니다. 그럼에도 불구하고 교회의 머리이신 그리스도께서는 말씀 전하는 사람을 교회의 유일한 선물로 주셨습니다. 하나님께서는 그들을 통하여 그 비밀을 보이시고, 사람들로 하여금 듣게 하십니다. 오늘날 많은 목사들이 주님께서 증거하라고 주신 계시의 말씀은 전하지 아니하고, 윤리적이고 도덕적인 것을 가르치며 사람들의 간지러운 귀를 긁어주기만 하는 어리석은 것에 빠져있습니다. 이것은 우리나라 교회의 큰 불행입니다. 그러나 말씀 중심, 하나님 중심, 교회 중심을 이야기하는 개혁파 사상은 언제나 교회를 위하여 주신 이 선물을 매우 귀하게 여깁니다. 또한 그 선물인 말씀의 사역자들은 주님의 사명에 충실하였습니다.

주님께서는 열매로 나무를 안다고 말씀하셨습니다. 참된 교사와 거짓된 교사를 분별하는 방법은, 하나님의 말씀의 종과 그렇지 않은 사람을 분별하는 방법은, 그들의 입에서 기록된 진리의 말씀이 선포되어지는지 그 여부를 통하여 알 수 있습니다. 그들의 입에서 나오는 소리가 사람들의 소리인지, 아니면 하나님의 진리의 말씀인지를 구분하여, 그들이 진실한 교사인지 분별할 수 있습니다. 주님께서는 사도 요한을 통하여 요한계시록 1장 1절에 이렇게 말씀하셨습니다.

예수 그리스도의 계시라 이는 하나님이 그에게 주사 반드시

반드시 될 일들을 주님의 백성들에게 보이시고 알게 해 주시기 위하여 한 천사를 사도 요한에게 보내어 요한계시록을 쓰게 하셨다는 말씀입니다. 하나님께서 그 백성들에게 하늘의 비밀들과 장차 일어날 일들이 무엇인지 가르쳐 주시기 위하여 직접 말씀하실 수 있음에도 불구하고, 사람을 택하시고 그들을 통하여 바른 진리를 증거하신다는 말씀입니다. 사도 요한은 요한 1서 1장 1절, 2절에서도 이렇게 기록하고 있습니다.

태초부터 있는 생명의 말씀에 관하여, 사도 요한이 이야기하기를, 우리가 본 바요 우리가 들은 바요 우리가 주목하고 우리 손으로 만져 본 것이라, 그래서 우리가 보고 들은 그 것, 우리가 알게 된 그 것, 우리에게 계시된 그 것을 너희에게 전한다고 말씀하고 있습니다. 이러한 기록을 남기신 이유는 무엇인가요? 사도들 이 후 교회를 위하여 세움을 받은 말씀의 종들이 이 기록된 말씀 밖으로 넘어가지 아니하고, 이 말씀으로 성도들을 온전케 하며 봉사의 일을 하게하며 교회를 세우게 하기 위함입니다. 이것이 목사가 할 일입니다. 성도는 이 목사의 사역을 통해서 그리스도 안에서 온전한 자가 될 수 있습니다. 성도들이 온전해지는 길은 그들이 체력 단련을 한다고 이루어질 수 있는 길이 아닙니다. 정신 수양을 한다고 되는 것이 아닙니다. 금욕생활을 한다고 온전해지는 것이 아닙니다.

성도가 그리스도 안에서 온전하게 되는 길은 교훈과 책망과 바르게 함과 의로 교육하기에 유익한 하나님의 기록된 말씀으로 말미암는 길입니다. 그러므로 성도들이 교회에서 듣고 읽고 배우는 것은 기록된 말씀 안에 있어야 합니다. 교회에 와서 하나님 말씀을 듣고자 하지 아니하고, 배우고자 하지도 않는다면, 그리스도인이 아닙니다. 항상 하나님의 진리를 갈망하는 것, 이것이 그리스도인의 특징입니다. 일주일에 한 번 교회에 나와서 설교 듣는 것으로 모든 것이 채워지는 것이 아닙니다. 들어도 또 들어도 늘 하나님의 말씀을 듣고자 하는 마음으로 가득한 사람들이 그리스도인이고 성도입니다. 어제 밥을 먹었어도 오늘 여전히 밥을 맛있게 먹듯이, 또한, 오늘 밥을 먹어도 내일 여전히 먹고 싶은 마음이 생기듯이, 진정한 그리스도인이라고 한다면, 한 번 하나님의 말씀을 듣는 것으로 끝나지 아니하고, 하나님 말씀을 듣고 또 다시 하나님의 말씀을 듣고 싶은 마음이 간절하여 주님의 몸된 교회를 찾고 또 찾는 것입니다. 교회는 진리의 기둥과 터이기 때문에, 교회는 다윗의 보좌로부터 흘러나오는 그 말씀을 끊임없이 전하는 것이 교회의 존재 가치가 됩니다.

성도들은 그 말씀을 공급받아서 아버지이신 하나님과 구세주이신 예수 그리스도와 함께하는 참된 교제의 장으로 들어가게 됩니다. 이 교제가 참되게 이루어질 때, 주님께서 피 흘려 세우신 이 교회를 위하여 봉사하고 섬기고 싶은 마음을 가지게 되는 것입니다. 진정한 그리스도인은, 예배 시간에 참여하는 것뿐만 아니라, 공급받은 하나님의 말씀을 통하여 하나님의 교회를 섬기는 자리에 이르는 사람입니다. 교회에 목사를 세우신 이유는, 성도로 하여금 온전케 하며 봉사의 일을 하게하며 그리스도의 몸을 세우려 함인 것입니다(엡 4:12). 봉사는 억지로 하는 것이 아닙니다. 자발적으로 하는 것입니다. 주님께서 주신 은혜로 말미암아 주님의 교회를 온전히 세워가는 일에 필요한 일들을 자발적으로 수종들어 섬기는 것이 봉사하는 것입니다. 식물인간은 영양분을 공급받아 살아있긴 하지만, 생명을 유지하는 것 외에 어떠한 활동을 할 수 없습니다. 오늘날 많은 그리스도인들이 육적으로는 식물인간이 아니지만 영적으로 식물인간과 같이 살아갑니다. 생명을 유지하기 위하여 영양분을 공급받기만 하고, 어떠한 움직임이나 행동도 하지 않습니다. 주님께서는, 교회에 아무런 봉사도 하지 않는 그런 식물인간과 같은 사람을 원하시지 않습니다. 주님께서 교회에 선물을 주시고 말씀의 사역자들을 통하여 생명의 양식을 공급하시는 것은 믿는 사람들로 하여금 영적인 움직임을 하여 생산적인 사명을 감당케 하시기 위함입니다.

주님께서 교회에 주신 선물 즉, 말씀을 전하는 자들과 관련하여 살펴볼 두 번째 주제는, 주님께서 주신 선물을 값지게 사용해야 그 가치가 빛난다는 것입니다. 선물을 받았는데, 그 선물을 꺼내 보지 않는다면 그 선물은 아무런 의미를 가질 수 없습니다. 물질적인 선물의 경우에는, 나중에 사용하기 위하여 꺼내 보지 않을 수 있지만, 인격적인 선물은 그렇게 할 수 없습니다. 주님께서 교회에 주신 이 선물은 물질적인 선물이 아니라 인격적인 선물입니다. 잠시 보관해 두었다가 필요할 때 쓸 수 있는 물질적인 것이 아닙니다. 사도들과 선지자들과 복음 전하는 자들과 교사와 목사는 인격체입니다.

하나님께서 주신 이 선물을 가치 있게 활용하기 위해서는 한 가지 사실이 전제되어야 합니다. 이는 선물을 사용하는 사람이 진리를 사모하는 열망으로 가득해야 한다는 것입니다. 진리를 사모하는 열정으로 가득하지 않는 한, 주님께서 주신 선물을 가치 있게 활용할 수 없습니다. 자녀를 둔 부모는 항상 자녀들에게 좋은 것을 주기를 원합니다. 나쁜 것을 주기를 원하는 부모는 없습니다. 그러나 부모가 무언가 좋은 것을 자녀들에게 주고자 할 때, 자녀들이 그것을 받기 거절한다면 부모가 좋은 것을 자녀들에게 주기가 매우 어려워집니다. 끝까지 자녀들을 쫓아가서 좋은 것을 강요하고, 그것이 다 너를 위한 것이라고 말하지만 자녀들이 계속해서 이를 거절하면 주는 것이 불가능합니다. 이와 마찬가지로, 하나님께서 교회에 선물로 주신 말씀의 종들을 통해 끊임없이 생명수를 흘러 보내시기를 원하시는데, 받고자 하는 사람이 이를 거절하고 듣고자 하지 않는다면 말씀을 전하는 사람은 입을 닫을 수밖에 없게 됩니다. 아모스서를 통해서 알 수 있듯이, 이스라엘 백성들은 종교적인 의식을 하지 않은 것은 아니었습니다. 그들은 종교적인 의식에 있어 열심을 다했습니다. 성일도 꾸준히 지켰습니다. 그러나 그들은 하나님의 말씀을 듣고 싶어 하지 않았습니다. 그렇기 때문에 선지자가 잠잠했던 것입니다.

하나님께서 교회에 주신 이 선물을 값지게 활용하기 위해서는 그 선물을 통하여 말씀하시는 하나님의 말씀을 듣고자 하는 마음이 있어야 합니다. 지난번에 개혁주의설교연구원에 강사로 오신 토마스 목사님께서 자신의 교회에 돌아가서 한 이야기를 살펴보았습니다. 그는 두 가지 사실을 이야기하면서 매우 놀라웠었다고 이야기하였습니다. 그 첫 번째로, 자신에게 설교를 오래 해 달라고 요청하는 사실에 놀라웠었고, 두 번째로 조금이라도 더 빨리 말을 해서 하나님 말씀을 더 많이 듣게 해 달라는 말에 놀랐다고 이야기하였습니다. 또한 자신은 그러한 요청을 단 한 번도 받아본 적이 없다고 이야기하였습니다. 하나님의 사람들은 하나님의 말씀을 듣고자 하는 열망으로 가득 차 있는 사람입니다.

하나님의 말씀의 종을 가치 있게 활용하기 위한 세 가지 방법이 있습니다. 그 첫 번째로, 목회자들의 필요를 뒷받침해야 한다는 것입니다. 목사가 그 직임에 충성을 다 할 수 있도록, 필요한 모든 것들을 뒷받침해야 합니다. 일하는 소의 입에 망을 씌우지 않듯이, 목회자가 생활고에 시달리지 아니하도록, 또는 여러 가지 부족한 것이 생기지 않도록 뒷받침해줘야 합니다. 어떤 일이라도 목사가 말씀을 준비하고, 이를 전하고 가르치는 일에 방해가 되어서는 안 됩니다. 물론 이러한 일은 목사가 스스로 절제된 훈련과 노력을 통하여 감당해야 하는 일이기도 하지만, 성도들의 도움 없이는 불가능한 일이기도 합니다. 성도들의 개인적인 인들로 인하여 목사가 공적으로 수행해야 하는 임무에 소홀해지도록 하거나 방해하는 일이 일어나지 않도록 주의해야 합니다. 특별히, 주일 전에 생긴 소소한 일들로 인하여 주일날 목사가 맡은 바 봉직을 수행함에 있어 방해가 되지 않도록 주의해야합니다. 목사는 개인의 지

적인 탐구와 건강관리, 개인 재정 관리, 도덕적인 절제훈련 영적인 경
건 훈련 등을 통하여 주님께서 주신 사명을 감당해야 하는 의무를 가집
니다. 또한, 성도들은 목사로 하여금 그 맡은 바 직임에 충성할 수 있도
록 뒷받침하는 의무를 가집니다. 그렇기 때문에 목회자를 교회에 청빙
할 때, 성도들이 목회자의 필요한 것을 책임지겠다는 서약을 하는 것입
니다. 또한 성도들은 목사를 위하여 간절히 기도해야 하는 의무도 가집
니다. 그리고 말씀의 종들의 가르침에 순종하고 따라야 하는 의무도 가
집니다. 이것이 말씀의 종들을 가치 있게 활용하기 위한 두 번째 방법
입니다.

감독이 총애하는 선수들은, 감독의 말을 잘 이해하고, 그 말에 순
종하는 선수입니다. 감독의 말을 이해하지 못하고, 믿지 못하고, 그를
잘 따르지 않는다면, 감독의 사랑을 받을 수 없을 것입니다. 하나님께
서 총애하는 사람들도 이와 같습니다. 많은 성도들이 하나님의 말씀에
순종하는 것과 목사의 말에 순종하는 것이 서로 다르다고 오해하며, 목
사가 순종하라고 요구하는 것을 매우 불쾌히 여기곤 합니다. 그러나 하
나님께서는 말씀의 종들에게 순종하고 그들의 말을 따르라고 명령하
십니다. 성경은 많은 곳에서 그렇게 가르치고 있습니다. 그 중에서 몇
군데를 살펴보겠습니다.

너희를 영접하는 자는 나를 영접하는 것이요 나를 영접하는
자는 나 보내신 이를 영접하는 것이니라(마 10:40).

이 말씀은 예수님께서 제자들을 보내면서 제자들에게 하신 말씀
입니다. 사람들이 그들을 영접하는 것이 곧 예수님을 영접하는 것이라
고 말씀하셨습니다. 하나님께서 교회에 선물로 주신 말씀의 사역자들
을 영접하고 귀히 여기는 것, 또한 그들의 가르침에 순종하고 따르는
것은 우리의 주인이신 예수님을 귀하게 여기고 그 가르침에 순종하고
따르는 것과 같다는 것입니다.

너희를 인도하는 자들에게 순종하고 복종하라 저희는 너희
영혼을 위하여 경성하기를 자기가 회계할 자인 것같이 하느
니라 저희로 하여금 즐거움으로 이것을 하게 하고 근심으로
하게 말라 그렇지 않으면 너희에게 유익이 없느니라(히 13:17).

이 말씀은 굳이 설명을 하지 않더라도, 충분히 이해가 되는 말씀
입니다. 주의 종들이 기쁨으로 사역을 감당할 수 있도록 돕는 것이 성
도들에게 유익하다는 말씀입니다. 물론, 저는 성도들에게 나를 본받으
라고 담대하게 이야기할 수 없는 부끄러운 사람입니다. 때가 되면 그러
한 말을 할 수 있게 되기를 기도하고 있습니다. 그러나 한 가지 분명한

것은, 저는 부족하지만, 저는 성도들에게 제가 가르치고 선포하는 하나
님의 말씀에 적극 순종하고 따르라고 명령할 수 있습니다. 왜냐하면 하
나님의 말씀을 선포하는 이 강단에서 주님의 종으로서 선포하는 모든
가르침은 기록된 말씀 안에 있는 진리이기 때문입니다. 이 말씀은 여러
분들의 가려운 귀를 긁어주기 위한 거짓된 말씀이 아닙니다. 세상의 사
사로운 말로 교훈하는 말이 아닙니다. 성도들의 웃음을 억지로 자아내
게 하기 위한 말도 아닙니다. 주님께서 주신 진리의 이 말씀을 전하는
일에 목숨을 걸고자 강단에 선 것입니다. 물론 성도들은 목사의 지도에
반대 의견을 제시할 수 있습니다. 그러한 것은 죄가 아닙니다. 그러나
그 의견이 주님이 세우신 교회를 세워가는 일에 기여하는 것이 아니라,
교회를 허무는 결과를 낳는다면, 그러한 의견을 제시하는 것은 큰 죄악
입니다. 하나님께서 택하신 종들을 통하여 선포하시는 진리의 말씀에
귀를 기울이시기 바랍니다. 진리의 말씀을 마음으로 들어서 하나님의
뜻을 이루어가는 일에 앞장서는 성도가 되시기를 바랍니다.

　　　주님께서 주신 선물을 가치 있게 활용하기 위한 마지막 방법은,
말씀의 사역자들을 위해 날마다 기도하는 것입니다. 설교자는 교회를
온전히 세우기 위한 주님의 선물일 뿐만 아니라 죄인들을 구원하시기
위한 하나님께서 교회에 주신 도구입니다. 설교는 죄인들이 하나님께
나아오게 하는 가장 확실한 방편이고, 인간의 영혼과 양심에 변화를 일

으키는 가장 중요한 도구입니다. 그렇기 때문에, 설교자는 두려움 없이 담대하게 복음의 비밀을 전할 수 있습니다. 사도바울은 이러한 설교의 사역 때문에 편지를 쓸 때마다 자신을 위하여 기도해달라고 요청하였습니다. 목사를 위하여 기도하지 않는 것은 죄입니다. 목사를 위하여 한 번도 기도하지 않은 사람은 성도가 아닙니다. 성도라면 반드시 목사를 위하여 날마다 기도해야 합니다. 그것은 성도들의 영적 생활에 유익을 줍니다. 하나님의 말씀을 전하는 일은 사람의 지혜나 말재주로 할 수 있는 일이 아니고, 오직 성령의 능력과 나타나심으로만 가능한 것입니다. 그렇기 때문에 성도는 목사를 위하여 기도해야 합니다. 목사에게 성령의 기름 부으심이 날마다 있게 해 달라고 기도해야 합니다. 목사의 봉직을 통하여 영적인 유익을 얻어 생산적이고 활동적인 신앙생활을 하기 위하여 기도해야 합니다.

말씀을 듣는 것보다 듣고서 행하는 것이 중요합니다. 우리가 하나님의 말씀을 매주 와서 듣지만, 어떠한 영적인 진보를 이루고 있습니까? 어떠한 유익을 얻어서 하나님께서 원하시는 열매를 맺으며 살아갑니까? 단순히 예배당에 와서 앉아 있다가 설교를 몇 번 듣고 가는 것이 아니라, 그 말씀이 성도의 삶에 살아 움직여야 합니다. 그 말씀을 사람의 말로 받지 아니하고 하나님의 말씀으로 받아, 우리 속에서 살아 역사하시는 하나님의 능력을 경험하기 위해서는, 반드시 기도해야 합니다. 주중에 기도하지 못했을 지라도 주일날 예배당에 나와 기도해야 합니다. 예배당에 나와서, 목사의 인도와 가르침을 통해 자신의 영혼이 소생함을 얻게 해 달라고 기도해야 하며, 온 교회가 하나님의 생수를 풍족하게 먹을 수 있게 해 달라고 기도해야 합니다. 교회에 처음 나오신 분들에게 부탁드리는 것은, 예배당에 왔을 때, 주위를 돌아보며 멀뚱거리지 마시고, 하나님께 기도하시길 바랍니다. 하나님께서 나를 만나주시기를 기도하시고, 목사의 사역과 설교를 통하여 영적인 유익을 얻게 해 달라고 기도하시길 바랍니다.

이 시대에, 교회에 필요한 사람은 정보 전달자가 아닙니다. 말을 영리하게 하는 사람도 아니고, 효과적인 웅변가도 아니며, 사람들의 관심을 사는 특급 연기자도 아닙니다. 주님의 복음의 풍요함과 광대함을 있는 그대로 선포하는 설교자가 필요합니다. 그러한 목회자가 될 수 있도록 기도해주시기를 부탁드립니다. 종교개혁자 칼빈은 기독교강요에 이렇게 기술하였습니다.

목사는 하나님의 말씀으로 모든 일을 담대하게 행하며, 모든 세상의 세력과 영광과 지혜와 찬양으로 하여금 그의 위엄에 굴복하고 복종하도록 하며, 그의 능력이 힘입어 가장 높은 자로부터 심지어 가장 낮은 자까지 모든 자를 명령하며 그리스도의 집을 세우고 사단의 집은 허물며 양은 먹이고, 늑대는 쫓아내며, 배우려고 하는 자를 가르치고 권고하며, 반역적이고 완고한 자를 나무라고 질책하고 복종시키며 매고 풀며, 마지막으로 필요하다면, 천둥과 번개를 발하되 이 모든 것을 하나님의 말씀 안에서 하도록 해야 한다.

이러한 은혜는, 성령의 능력을 통하여, 진리의 말씀 선포자들에 의하여 경험할 수 있습니다. 반드시 목회자를 위하여 기도해 주시길 바랍니다. 모든 사람들이 목회자를 하찮게 여기고 조롱의 대상으로 삼을지라도 목회자를 위하여 기도해 주시기 바랍니다. 주님을 사랑하고 신실하게 섬기는 성도들은 주님께서 교회에 주신 선물을 매우 귀하게 여기고 귀하게 사용하는 지혜로운 사람이 되어야 합니다. 성도들에게 나를 본받으라고 담대하게 말할 수 있는 목사가 될 수 있기를, 그리고 주님의 선물을 귀하게 여기시는 성도가 되시기를 바랍니다.

예배 중심의 공동체

(21)예수께서 가라사대 여자여 내 말을 믿으라 이 산에서도 말고 예루살렘에서도 말고 너희가 아버지께 예배할 때가 이르리라(22)너희는 알지 못하는 것을 예배하고 우리는 아는 것을 예배하노니 이는 구원이 유대인에게서 남이니라(23)아버지께 참으로 예배하는 자들은 신령과 진정으로 예배할 때가 오나니 곧 이 때라 아버지께서는 이렇게 자기에게 예배하는 자들을 찾으시느니라(24)하나님은 영이시니 예배하는 자가 신령과 진정으로 예배할지니라

[요 4:21-24]

교회는 예배를 중심으로 하는 성도들의 모임입니다. 삼위일체 하나님을 예배하는 공동체가 교회입니다. 교회에서 해야 하는 것 중에서 가장 중요한 것은 예배하는 것입니다. 교회를 예배당이라고도 부르는데, 이는 예배를 중심으로 모인 공동체이기 때문입니다.

1. 예배란?

이러한 예배 중심의 모임은 에덴동산에서부터 시작되었습니다. 이 세상에 아담과 하와 둘 밖에 없을 때에도, 하나님께서는 그들을 통하여 예배를 받으셨습니다. 하나님께서는 그들과 함께 풍요로운 사랑

의 교제를 나누셨습니다. 그것이 예배의 시작입니다. 물론, 하나님께서는 피조물들이 없이도 홀로 존귀와 영광을 받으시는 분이지만, 온 세상을 지으시고, 특별히 사람을 만드시고, 그 사람에게 창조주를 경배하라고 요구하셨습니다. 그러나 아담과 하와가 사단의 꾀에 넘어가서 죄를 범함으로, 에덴동산에서 쫓겨나게 되었습니다. 이 뿐만 아니라 그 동안 누렸던 하나님과의 친밀한 관계가 단절되는 불행에 빠지게 되었습니다. 그 이후로 모든 인간은 하나님의 영광을 썩어질 사람과 금수와 버러지 형상의 우상으로 바꾸어 버리고, 죄를 범하여 하나님의 영광에 결코 이르지 못하게 되었습니다. 그러나 하나님께서는 그러한 인생을 불쌍히 여기서서 다시금 하나님과의 관계를 회복시키고자, 독생자 예수 그리스도를 이 땅에 보내어 주셨습니다. 예수 그리스도께서 원수 되었던 우리를 대신하여 십자가에 못 박혀 죽으심으로, 우리가 하나님과 화목함을 누릴 수 있게 된 것입니다. 하나님께서 우리의 죄를 용서해주시고 우리를 의롭다 칭하시고 영생을 선물로 주신 것은, 단순히 하나님 나라의 백성으로 삼으시기 위함이 아니고, 우리로 하여금 하나님께 예배하는 자녀가 되게 하려 하심이었습니다. 헛된 우상을 섬기고, 아무런 유익이 없는 미련한 짓을 행하는 인생들이, 하나님을 예배하고 하나님과 교제하며 하나님의 생명을 소유하고 하나님의 복을 누리며 살게 하시기 위하여 그와 같은 은혜를 베풀어 주신 것입니다. 그것을 위하여 우리 주님께서 고난당하시고 죽임 당하신 것입니다. 그러므로 주 예수 그리스도를 구주로 영접하고 죄사함을 받아, 하나님을 아버지라 부르게 된 성도들은 하나님께 예배하는 자가 됩니다.

예배는 제사와 달리, 구원함을 받은 하나님의 백성들이 그 베풀어 주신 은혜에 감사하여 자발적으로 하나님께 복종하고 하나님을 섬긴다고 고백하는 행위입니다. 예배는 예수 그리스도의 십자가 공로를 통하여 거룩하신 하나님께 가까이 나아가 그를 경배하는 놀라운 복의 향연입니다. 예배는 이 지존자이신 하나님과의 만남을 의미합니다. 교회에서 진행되는 예배 의식에 동참하고, 그 의식 순서에 따라 앉아 있다가, 예배가 끝나면 흩어지는 것이 아닌, 하나님과의 친밀한 교제 속으로 진입하는 것이 참된 예배입니다.

죄가 없으시고 공의하신 하나님 앞으로 나오는 예배의 자리에, 어떻게 죄 많은 사람들이 앉아 있을 수 있는 것일까요? 이는 성도들이 한 주일동안 죄를 범하지 아니하고 깨끗하게 살았기 때문이 아닙니다. 또한, 예배당에 빈손으로 오지 아니하고 예물을 가지고 왔기 때문도 아닙니다. 우리가 예배당에 나와서 거룩하신 하나님 앞에 서 있을 수 있는 이유는, 그 분의 아들이신 예수 그리스도께서 하나님과 나 사이에 막혔던 죄의 장벽을 거두시고, 하나님의 은혜의 보좌 앞에 나아갈 수 있도록 길을 열어주셨기 때문입니다. 이 때문에 우리들이 오늘 살아계신 하나님 앞에 나와 예배하는 자가 될 수 있는 것입니다.

그러므로 하나님 앞으로 나아갈 때에는 예수님을 의지해야 합니다. 예배는 천지를 창조하시고 다스리시고 죄인들의 구속을 위하여 독생자를 내어주신 성부 하나님께 하는 것이고, 성자 예수 그리스도의 이름으로 하는 것이며 성령의 도우심으로 하는 것입니다. 이 삼위의 하나님과 교제하는 것이 예배입니다. 참된 예배자는, 자신의 생각, 처지, 의도는 버려두고, 하나님께서 정해주신 규례, 규칙에 순종하는 사람입니다. 참된 예배자는 하나님께서 하신 일에 절대적으로 순복하고 엎드리는 사람입니다. 하나님께 완전히 굴복하는 사람입니다. 이것은 굴욕적인 복종이 아닙니다. 예배하는 것이 인간이 가질 수 있는 최고의 영예이고 특권이기에 자발적으로 복종하는 것입니다.

인생은, 구속함을 받아 하나님 앞에 나오지 아니한다면, 죄 가운데 살다가 죄로 인하여 지옥의 영원한 형벌을 받을 존재입니다. 마지막으로 가야 할 종착점이 영원한 저주의 자리였던 인생들이었는데, 그런 자리에서 우리를 구원하시고 영원한 생명의 자리로 인도하신 주님께서 우리와 함께 교제하는 것은 너무나도 큰 은혜의 역사인 것입니다. 이는 마치, 절대 권력자가 마땅히 죽어야 할 존재를 살려주는 것뿐만 아니라 그 권력자의 보좌 앞으로 이끌어 그 권력자와 더불어 모든 즐거움을 느끼도록 한 것과 같습니다. 그러한 권력자에게 구원을 받은 사람이 목숨을 바쳐 그 권력자에게 충성을 다 하고 헌신하는 것은 당연한 일입니다. 그 권력자를 위하여 사는 것이 이 사람에게는 굴욕이 아닙니다. 오히려 목숨을 건짐 받고, 왕과 더불어 교통하는 자리가 주어진 것이 그 사람에게는 최고의 영예인 것입니다.

그러므로 구원함을 받은 성도들은, 주일날 마지못해서 교회에 나오지 아니하고, 구원의 은혜에 감사한 마음을 가지고 자발적으로 교회에 나옵니다. 이러한 마음이 없다면, 하나님의 은혜가 무엇인지를 알지 못하는 이방인들의 제사 행위와 다를 바 없습니다. 참된 예배자는 하나님의 은혜를 깊이 경험하여 참되게 하나님을 예배하는 사람입니다. 하나님의 은혜를 알지 못하는 사람은 예배자가 될 수 없습니다. 지상에서 인간이 누릴 수 있는 최고의 삶의 방식은 지존자이신 하나님을 경배하는 것입니다. 하나님의 구속함을 입은 자들만이 참으로 하나님을 예배할 수 있는 사람입니다. 성도의 기본은 하나님을 예배하는 것입니다. 그러므로 성도라고 스스로 이야기하면서 하나님을 예배하는 일에 소홀히 하는 사람은 자신이 성도가 아니라고 이야기하는 것과 마찬가지입니다. 이는 예배 없는 신앙생활이 불가능하기 때문입니다.

주일날, 주어진 예배의 예식에 참여하였다고 해서 참된 예배자가 되는 것이 아닙니다. 예수님께서 사단에게 시험을 받으실 때, 사단은 예수님을 산꼭대기로 이끌어, 천하만국의 영광을 다 보여주고 자신에게 절을 하면 이 모든 것을 주겠다고 유혹하였습니다. 그 때, 예수님께서는 이렇게 말씀하셨습니다.

> *이에 예수께서 말씀하시되 사단아 물러가라 기록되었으되 주 너의 하나님께 경배하고 다만 그를 섬기라 하였느니라* (마 4:10).

살아계신 하나님만이 유일한 섬김의 대상이라는 믿음이 없이는 참된 예배자가 될 수 없습니다. 여러 신들과 여러 종교들 가운데, 이스라엘의 하나님을 택하여 섬기는 사람이 기독교인이 아닙니다. 하늘과 땅에서 우리 인생들의 사모할 자가 하나님 한 분 뿐이시기 때문에, 그로 말미암아 지음을 받은 모든 인생들이 마땅히 하나님만을 경배해야 하는 것입니다. 그 것이 지음을 받은 피조물로서 누리는 최고의 영광이라는 확신이 있는 사람만이, 하나님을 참되게 예배할 수 있습니다.

하나님을 예배하는 일은, 세상에서 지친 마음에 안정과 평화를 얻고, 어려운 일에 닥쳤을 때 도움과 힘을 얻고, 복을 얻기 위한 일이 아닙니다. 사람들은 새해가 되면 전통이라는 이름의 미신을 숭상하곤 합니다. 복을 받는 일들과 저주를 받는 일들을 구분하여 해야 할 일과 하지 말아야 할 일들을 이야기하곤 합니다. 중국에는 머리 깎는 날이 있는데, 그 날에 머리를 깎으면 일 년 내내 운수가 좋다고 생각하는 민속 신앙에 의지하는 사람들도 많이 있습니다. 그러나 성경은, 만복의 근원이시고 천지를 창조하신 하나님만을 경배하라고 이야기합니다. 하나님을 가까이 하는 것이 복이라고 말합니다. 하나님께서는 헛된 신화나 미신에 사로잡혀서 하나님께 나오지 아니하는 자들에게, "나 여호와가 이 세상을 만들었고, 나 하나님이 너희를 죄 가운데서 구속하였고, 나를 경배하는 것이 너희가 가지는 최고의 복이라!" 라고 선언하십니다. 헛된 우상과 미신에 빠져, 미신적인 대상을 신으로 섬기는 사람은 성도가 아닙니다. 하나님께서는 이렇게 말씀하셨습니다.

> 너는 나 외에는 다른 신들을 네게 있게 말지니라 (출 20:3).
> 나는 여호와라 나 외에 다른 이가 없나니 나 밖에 신이 없느니라 (사 45:5).

2. 어떻게 예배해야 하는가?

참된 예배자는 하나님께서 고통 가운데 있는 자신을 건져주지 않는다고 해서 다른 신을 찾아가지 않습니다. 하나님께서 지금 도와주시지 않는다고 해서, 도움을 받을 만한 것을 찾아 점을 치러 가지 않습니다. 어려움에 빠져있어도, 여전히 경배하고 섬길 이는 하나님밖에 없다고 고백하는 믿음을 가진 사람이 참된 예배자입니다. 그러므로 성도가 아닌 사람은 참된 예배자가 아닙니다.

참된 예배자가 하나님을 예배하는 방법은 다음 말씀에서 살펴볼 수 있습니다.

아버지께 참으로 예배하는 자들은 신령과 진정으로 예배할 때가 오나니 곧 이 때라 아버지께서는 이렇게 자기에게 예배하는 자들을 찾으시느니라 하나님은 영이시니 예배하는 자가 신령과 진정으로 예배할지니라 (요 4:23-24).

예배의 대상은 아버지이신 성부 하나님입니다. 23절에 아버지라고 명시하고 있습니다. 또한, 그 아버지께 예배하는 자는 신령과 진정으로 예배해야 합니다. 하나님께서는 그런 자들을 찾으십니다. 하나님은 영이시기 때문에 신령과 진정으로 예배해야 합니다. 이 말씀에서 주목해야 할 가르침은 다음과 같습니다.

먼저, 하나님께서 명하시지 않은 것으로 하나님을 예배하면 안 됩니다. 주님께서 명하시지 않은 것으로 예배하려고 시도조차 하지 말아야 한다는 말입니다. 이는 레위기 10장에서 나답과 아비후가 하나님께서 명하시지 않은 것으로 예배했다가 즉결처분 받은 이야기를 통해 살펴볼 수 있습니다. 나답과 아비후는 하나님께서 명하시지 않은 불로 제사하고자 하였습니다. 그러한 나답과 아비후를 보시고 하나님께서 즉결처분 하신 것을 볼 수 있습니다. 그들이 우상을 섬기다가 죽었다면 쉽게 이해할 수 있을 것입니다. 그러나 그들은 살아계신 하나님께 제사하고자 했지, 우상을 섬긴 것이 아니었습니다. 그들의 실수는 하나님께서 지정해주신 불로 분양하지 않았다는 것 하나입니다. 그것 때문에, 그 자리에서 죽임을 당했습니다. 이 불은, 정확하게 어떠한 불인지 알 수는 없지만, 레위기 23장을 통해 추측해볼 수 있습니다.

제단을 밝히는 불은 감람을 찧어서 낸 순수하고 순결한 기름을 사용해야 한다고 기록되어 있습니다. 어쩌면 나답과 아비후는 이 순수한 기름을 사용하기보다 찌꺼기가 들어 있는 다른 기름을 사용했는지 모릅니다. 그 불이 어떠한 불이든, 그들은 그 자리에서 죽임을 당하였습니다. 회초리로 몇 대 맞은 것이 아닙니다. 몸에 질병이 걸려 근신에 처해지는 것도 아니었습니다. 그 자리에서, 하늘에서 불이 내려와 그들을 죽여 버린 것이었습니다. 이 사건을 통해 우리가 얻을 수 있는 교훈은, 하나님께 나아가는 자는 반드시 자신의 생각과 의도와 방식이 아닌, 하나님께서 정하신 방식으로 나아가야 한다는 것입니다.

예배는 성도들이 고안해 낸 작품이 아닙니다. 성도들이 하나님을 기쁘시게 하기 위하여 마련한 특별한 이벤트가 아닙니다. 예배는 연출이 아닙니다. 오늘 날, 많은 교회가 예배의 연출자들을 만들어내고 있습니다. 심지어 연출자들을 돈을 주고 고용하기도 합니다. 그러나 A.W.토저의 말과 같이, 예배는 쇼가 아닙니다. 한국 교회는 쇼를 하고 있습니다. 이는 하나님께서 받지 않으시는 예배이며 마치 우상과 섬기는 것과 같은 짓입니다. 교회 공동체에서 하나님과 교제하는 영광과 특권인 예배는 하나님께서 정해주신 방법대로 해야 합니다. 기록된 말씀 안에 규정해 주신 원리대로 예배해야 합니다. 하나님께서 명하시지 않은 다른 불로 분양하였기 때문에, 나답과 아비후는 제사장임에도 불구하고 죽임을 당하였습니다. 그 때에 하나님께서는 모세를 통해서 아론에게 이렇게 말씀하셨습니다.

모세가 아론에게 이르되 이는 여호와의 말씀이라 이르시기를 나는 나를 가까이 하는 자 중에 내가 거룩하다 함을 얻겠고 온 백성 앞에 내가 영광을 얻으리라 하셨느니라 아론이 잠잠하니 (레 10:3)

하나님께서 아들 둘을 잃어버린 아론에게 말씀하신 것은, 나를 가까이 하는 자 중에서 내가 거룩함을 얻겠다는 말씀입니다. 거룩하다는 것은 구별되었다는 것을 의미합니다. 여러 신들 중에 하나가 아니라 다른 신들과는 구별된 존재라는 것을 의미합니다. 그러므로 하나님께 나아올 때, 우상을 섬기는 것과 같이 사람들이 만들어낸 방식으로 섬기는 것이 아니라, 하나님께서 가르쳐주신 방식대로 나아가야 합니다. 그것이 하나님이 하나님 되심을 드러내는 것입니다. 하나님께서 온 백성 앞에서 영광 받으시는 길을 가르쳐 주신 것입니다.

옛날, 신하들이 왕 앞으로 가고자 할 때에 그들의 생각과 방식대로 왕 앞에 갈 수는 없었습니다. 왕을 알현할 때에는 왕이 정해 놓은 방식에 맞추어 왕을 알현해야 했습니다. 그것이 그 왕을 왕으로 간주하는 것입니다. 오늘날, 5년의 짧은 임기를 가진 대통령을 만난다 하더라도, 자신의 마음대로 대통령을 만날 수 있는 것이 아닙니다. 대통령을 만나는데, 대통령이 정해 놓은 시간에 따라야지, 자신이 정한 시간에 맞추어 만날 수 있는 것이 아닙니다. 또한 비서실을 통하여 들은 이런 저런 요구 사항에 잘 맞춰야 만날 수 있는 것입니다.

예배도 이와 같습니다. 예배 시간은 성도들이 정해 놓은 시간에 맞추어 이루어지는 것이 아닙니다. 하나님께서 주의 종들을 통하여 정해 놓으신 시간에 맞춰야 합니다. 개인의 취향에 따라 시간을 정하여 예배할 수 있는 것이 아닙니다. 또한, 개인의 취향에 따라 식순을 맞추어 예배할 수 있는 것도 아닙니다. 하나님께서 정해 놓으신 방법에 따라 예배해야 합니다.

예배는 전도의 성향을 내포하고 있습니다. 그러나 전도 지향적이지는 않습니다. 예배는 구원받은 성도들이 구원의 은혜에 감격하여 하나님만을 섬기는 하나님의 백성이 하는 것입니다. 거듭나지 않은 사람은 올바른 예배자가 될 수 없습니다. 다시 한 번 요한복음 4장 23절에서 표현한 아버지라는 단어를 살펴보면, 예배는 아버지께 하는 것입니다. 즉, 하나님을 아버지라고 부를 수 있는 사람만 예배할 수 있다는 의미입니다. 하나님을 찾는 사람은 많지만, 거듭난 사람들만 하나님을 아버지라고 부를 수 있습니다. 그러나 거듭나지 않은 사람들이 예배에 참여할 필요가 없는 것은 아닙니다. 거듭나지 않은 사람들이 하는 예배는 하나님께서 받지 않으십니다. 그러나 그들이 예배에 참여할 수 있는 것은, 구원 받은 성도들이 하나님과 교통하는 신령한 예배를 바라봄으로, 하나님의 은혜와 사랑에 이끌림을 받아 중생의 경험을 할 수 있도록 하나님께서 역사하실 수 있기 때문입니다. 그래서 불신자들을 청하여 예배에 참여하도록 하는 것입니다. 그러므로 예배당에 나올 때에는 하나님을 영접하지 아니한, 거듭나지 못한 사람들을 위하여 기도해야 합니다. 그런 의미에서 전도 초청 잔치는 필요한 것이지만, 예배 자체를 불신자들에게 초점을 맞추어 변경하는 것은 성경적이지 않습니다. 열린 예배나 구도자 예배는 성경 어디에서도 근거를 찾아볼 수 없습니다. 예배는 처음부터 끝까지 예배의 대상이신 하나님을 향한 것이기 때문에, 그의 영광을 가로채는 인간의 행위는 그 어떤 것이라도 용납되지 않습니다. 그렇기 때문에, 예배 시간에 특정인을 높이는 것이나 박수를 치는 일까지도 하지 않는 것입니다. 이는 하나님께서 온 백성 가운데 영광을 받으실 유일한 대상이시기 때문입니다.

예배는 성령과 진리로 해야 합니다. 성령으로 예배하는 것은, 성령의 인도함을 받아 예배한다는 것을 의미합니다. 하나님에 대한 것은 하나님의 영 외에는 알 수가 없기 때문에 성령의 이끌림을 받아서 예배해야 합니다. 또한 기록된 진리의 말씀을 통하여 하나님께 나아가는 것이 참된 예배입니다. 하나님께서는 영이시므로, 성령의 인도함을 받는 것이 필요합니다. 성도는 예배를 위하여 항상 기도해야 하는데, 이는 성령의 임재를 간절히 사모하며 구하는 것이어야 합니다. 하나님의 영의 인도함을 받아, 진리의 말씀 안에서 하나님께 예배하는 것이 성령과 진정으로 예배하는 것이며, 하나님께서 받으시는 참된 예배입니다.

너희는 이 세대를 본받지 말고 오직 마음을 새롭게 함으로 변

하나님께서 이 세대를 본받지 말라고 하시는 것은, 단순한 세상의 유행이나 흐름만을 이야기하는 것이 아닙니다. 이는 마음에 변화를 받아, 하나님께서 기뻐하시고 선하게 보시고 온전하게 여기시는 방식으로 하나님을 경배하라는 말씀입니다.

3. 성경적인 예배 요소

예배의 방법, 순서 등도 성경의 원리에 따라 정해져야 합니다. 물론, 성경에 예배의 순서와 요소에 대해서 정확하게 나열하지는 않았습니다. 그러나 신약성경에 있는 말씀, 초대교회 성도들이 모여서 예배했던 모습들, 찬송이 있었고, 기도가 있었고, 말씀 읽기와 선포가 있었고, 헌금이 있었고, 성례가 있었고, 축도가 있었다는 것을 종합하여, 교회 지도자들이 예배 순서를 정하였습니다. 이는 예배 순서 중에 성경에 없는 것은 하나님께서 받으시는 예배가 아니기 때문에, 성경에 있는 것으로만 예배 순서를 정한 것입니다. 이것에 대하여 웨스트민스터 신앙고백서 21장을 살펴보도록 하겠습니다. 웨스트민스터 신앙고백서 21장, '예배와 안식일에 관하여'를 살펴보면 다음과 같이 기술하고 있습니다.

웨스트민스터 신앙고백서 21장, 예배와 안식일에 관하여

1. … 그러나 참되신 하나님을 예배하는 합당한 방식은 하나님 자신에 의해서 제정하신 것이라야 하며, 그리하여 그의 계시된 뜻에 의하여 한정된다. 그러므로 사람들의 상상이나 고안 또는 사단의 제안에 따라 어떤 가시적인 현상들을 사용하거나 성경에 명시되어있지 않는 방식으로 예배할 수 없다

2. 예배는 성부 성자 성령 하나님께, 하나님 한 분께만 하는 것이다 천사들이나, 성도들이나 다른 어떤 피조물에게 예배해서는 아니된다. 타락 이후에 중보자 없이 예배할 수 없으며, 오직 그리스도 이외에 어떤 중보로도 예배할 수 없다.

3. 감사함으로 드리는 기도는 예배의 특별한 한 요소이다. 이것은 하나님께서 모든 사람에게 요구하신 것이다 아들의 이름으로 그리고 성령의 도움으로 말미암아 그의 뜻을 따라 사려분별과 경외심과 겸손과 열심과 믿음과 사랑과 인내를 가지고 기도하는 것이 하나님이 받으시는 기도이다.

만일 소리를 내 기도할 때에는 알 수 있는 말로 해야 한다.

5. 경건한 경외감으로 성경을 읽어야 한다. 건전한 설교와 이해와 신앙과 경외심으로 하나님께 복종하는 자세로 말씀을 양심적으로 듣는 것과 마음의 은혜로 시편을 찬양하는 것과, 그리스도에 의해서 제정된 성례를 올바르게 거행하고 합당하게 받는 것은 하나님을 합당하게 예배하는 통상적인 예배 요소들이다 이 외에 종교적인 맹세와 서약과 신성한 금식 그리고 특별한 경우에 감사들은 몇 차례 적당한 시기에 거룩하고 종교적인 방식으로 사용되어야 한다.

4. 예배자의 자세와 복장

웨스터민스터 신앙고백서 21장의 내용을 정리하면, 교회는 철저하게 하나님의 말씀에 근거한 방식으로 하나님께 나아가야 하고, 찬송, 기도, 설교, 헌금, 성례 등의 모든 일도 하나님께서 정해 주신 규례대로 행해야 한다는 것입니다. 이 뿐만 아니라 예배자의 자세와 복장 또한 매우 중요합니다.

여호와의 이름에 합당한 영광을 돌리며 거룩한 옷을 입고 여호와께 경배할지어다 (시 29:2).

여호와의 이름에 합당한 영광을 돌리는 것이 예배의 목적입니다. 그 목적을 달성하기 위하여 반드시 성경에서 명시하고 있는 예배의 요소들을 찾아, 이를 따라야 합니다. 그렇지 않은 것들은 여호와의 이름에 합당한 영광을 돌리는 것이 아닙니다. 성도들이 반드시, 우리의 예배가 하나님께서 받으시는 예배인가, 하나님의 거룩한 이름에 합당한 영광을 돌려드리는 예배인가 살피고 주의해야 합니다. 이를 살피지 아니하고, 성도들이 받는 은혜와 사람들이 많이 참여하는 예배만 생각하는 행위는 살아계신 하나님을 경외하지 않는 행위입니다. 이는 종교 지도자들이 주님의 이름을 빌려서 자신의 야욕을 달성하고자 하는 탐욕적인 행위이지, 예배가 아닙니다. 사람들이 많이 참여하는 예배가 중요한 것이 아니라, 하나님께 온전한 영광을 돌려 드리는 것, 하나님의 이름을 높여드리는 일에, 우리의 모든 관심이 모으는 것이, 하나님께서 기쁘게 받으시는 예배입니다. 이 사실을 우리는 항상 주의하고 기억해야 합니다.

거룩한 옷을 입고 예배한다는 것은, 주 예수 그리스도의 의의 옷을 입고 예배해야 한다는 것을 의미합니다. 이는 거듭난 사람들이 입는 옷 즉, 하나님께서 예수 그리스도를 통하여 우리에게 죄가 없다고 선언하시고 의롭다 칭하시는 것을 의미합니다. 거룩한 옷을 입어야 하는 까닭은, 그리스도의 중보가 없이 은혜의 보좌로 나아갈 수 없기 때문입니다. 하나님께서는 흠이 없고 책망할 것이 없고 죄가 없으신 대제사장 예수 그리스도를 통하여 나아오는 자에게만 예배를 받으시기 때문입니다. 이러한 의미에서 성도는 거룩한 옷을 입고 예배해야 하는 것입니다. 그러나 거룩한 옷을 입는 다는 것은, 동시에, 하나님께 예배하러 나올 때, 깨끗하고 구별된 복장으로 하나님께 나와야 한다는 것도 의미합니다. 예배당에 올 때에, 깨끗하고 구별된 외형적인 복장을 갖추는 것은 매우 중요합니다. 왜냐하면, 예배는 하나님의 만나는 행위이며, 최고의 지존자이신 하나님께 경배를 드리는 행위이기 때문입니다. 예배당에 올 때, 남성분들은 정장을 착복하는 것이 올바른 모습이며, 여성분들은 치마 정장을 입는 것이 올바른 태도입니다. 자신이 편한 데로 옷을 입고 교회에 나오는 것은, 자신만을 생각한 행위이지, 하나님을 향한 예의라고 볼 수 없습니다. 이는 마치 결혼식장에 갈 때, 좋은 옷을 입고 가는 것과 유사합니다. 결혼식장에 갈 때, 좋은 옷을 입고 가는 이유는, 그 옷을 과시하기 위함이 아닙니다. 새로운 출발을 하는 신랑 신부에게 예의를 갖추기 위함입니다. 이와 같이, 하나님을 예배하러 오는 성도들의 갖춰야 하는 예의가 있습니다. 우리의 편한 것만 생각하지 말고, 하나님 앞으로 나아가는 자리임을 생각해야 합니다. 하나님께 드리기 위해서 정성스럽게 헌금을 준비하는 것과 같이, 주님께 예배하는 자리에 나아가는 것도 정성스럽게 준비해야 합니다. 그러한 예의를 갖추고 하나님께 나아와 예배하시기를 바랍니다.

　　교회 재정의 사용은, 복음 전파와 구제와 사역자들을 돌보는 일과 그 외에 교회에서 정한 선한 사용처에 합당하게 사용해야만 합니다. 교회의 재정을 개인적인 용도로 사용해서는 안 됩니다. 교회가 사회에 봉사하면서 리베이트(rebate)를 챙기는 것이나, 세금 계산을 정확하게 하지 않는 것이나, 부정하게 탈세하는 행위를 방조하는 것은 하나님 앞에서 옳지 못한 일입니다.

　　A.W.토저가 말하기를, "정치인들을 제외하고, 말만 무성하고 행함이 없는 사람, 바람이 많이 불지만 비가 내리지 않는 곳은 오늘날 교회밖에 없다."라고 이야기합니다. 이러한 모습이 오늘날 교회의 모습이 되어버렸습니다. 이러한 모습에서 벗어나, 하나님께서 기뻐하시는 참된 예배자의 모습을 회복하시길 바랍니다. 하나님께서 자기를 진정으로 예배하는 자들을 위하여 하늘 문을 여시고, 때를 따라 이른 비와 늦은 비를 공급해 주실 것입니다. 하나님의 크신 역사하심과 그 은혜가 성령과 진리로 예배하는 참된 예배자들에게, 그리고 교회에게 함께하시기를 소망합니다.

세상을 사랑하지 말라!

개혁교회는 말씀 중심의 교회, 하나님 중심의 교회, 교회 중심의 삶을 추구하는 교회입니다. 앞서서 이 개혁교회가 말하는 것에 대한 교리적인 부분을 살펴보았습니다. 이를 신학의 줄기와 뿌리에 비유한다면, 본 장에서는 꽃이라고 할 수 있는, 개혁교회의 신앙 실천적인 삶에 대하여 살펴보겠습니다.

그리스도인은 적어도 세상 사랑함을 경멸하는 자가 되어야 한다.

많은 사람들이 개혁교회와 개혁 신앙에 대하여 이야기할 때, 지나

치게 신학적이고 교리적이며 편협한 시각을 가지고 비판을 하고, 불관
용적인 태도들로 인하여 사랑이 부족하다며 오해하곤 합니다. 물론 개
혁교회가 다른 사람들을 많이 비판하는 것은 사실입니다. 그러나 이는
개혁신학이 잘못된 것이 아니라, 개혁 주의를 지향하는 몇몇 사람들의
개인적인 결함으로 인한 오류입니다. 개혁 교회에서 올바른 것과 잘못
된 것을 구분하는 것을 강조하다 보니, 참된 것과 거짓된 것을 분별하
는 능력을 강조하다 보니, 몇몇 개인들이 매우 비판적인 태도를 가지게
되는 것은 사실입니다. 교회 연합에 대한 개혁교회의 입장 또한, 교리
적으로 일치가 되지 않은 교회 연합을 인정할 수 없기에 이를 비판하는
것입니다. 또한, 진리 탐구에 대한 열정으로 인해, 많이 공부하고 노력
하는 경향이 강하므로, 자칫 엘리트주의로 인한 반감을 사기도 합니다.
그러나 이러한 열심을 가진 진리 탐구는 자신의 지적인 욕구를 만족시
키기 위한 것이 아닌, 주님의 교회를 온전히 세우고, 다른 사람들을 더
욱 잘 섬기기 위한 것일 뿐입니다.

　　개혁 신앙이 많은 비난과 조롱을 받지만, 이런 개혁 신앙을 포기
할 수는 없습니다. 왜냐하면 이 신앙은, 인간의 한계로 인하여 비판을
받지만, 인간이 추구할 수 있는 최고의 지성과 영성을 포함하는 유일한
신앙이기 때문입니다. 왜냐하면 개혁신학은 단순히 신학적이고 교리
적인 지식의 깊이만 추구하는 신학이 아니고, 진리의 능력으로 인한 삶

의 변화가 가장 강하게 나타나는 신학이기 때문입니다. 진리로 인도하시는 하나님의 직접적인 이끄심과 교회의 땀과 눈물로 인하여, 가장 가치 있고 찬란한 믿음의 역사를 이룬 것이 바로 이 개혁신학입니다.

개혁 신앙은 삶과 매우 밀접한 관계를 가집니다. 왜냐하면, 먹든지 마시든지 무엇을 하든지 다 하나님의 영광을 위하여 하라는 말씀이 성도들의 인생관이기 때문입니다. 아침밥을 먹는 일, 점심밥을 먹는 일, 저녁밥을 먹는 일, 간식을 먹는 일, 책상에 앉아서 공부하는 일, 직장에서 하는 일, 심지어는 화장실에 가는 일 등 모든 일은 다 하나님의 영광을 위하여 하는 것에 초점을 맞추고 있습니다. 이는 성도들이 이 세상에서 하나님의 은혜로 구속함을 받게 된 가장 큰 이유입니다. 하나님께서 이사야서 44장 21절 이하를 통해 다음과 같이 말씀하십니다.

야곱아 이스라엘아 이 일을 기억하라 너는 내 종이니라 내가 너를 지었으니 너는 내 종이니라 이스라엘아 너는 나의 잊음이 되지 아니하리라 내가 네 허물을 빽빽한 구름의 사라짐 같이, 네 죄를 안개의 사라짐 같이 도말하였으니 너는 내게로 돌아오라 내가 너를 구속하였음이니라 여호와께서 이 일을 행하셨으니 하늘아 노래할지어다 땅의 깊은 곳들아 높이 부를지어다 산들아 삼림과 그 가운데 모든 나무들아 소리내어 노

래할지어다 여호와께서 야곱을 구속하셨으니 이스라엘로 자

기를 영화롭게 하실 것임이로다(사 44:21-23).

신약성경에서 뿐만 아니라 구약성경의 수많은 곳에서도 확인할 수 있는 바, 주님께서 세상을 지으시기 전에 우리를 택하여 하나님의 아들과 딸로 삼아주신 이유는, 하나님을 영화롭게 하는 자가 되고 하나님의 영광을 위해서 사는 자가 되게 하기 위함인 것을 명백히 볼 수 있습니다. 하나님께서 우리를 택하여 주신 이유가 무엇입니까? 또한, 하나님께서 독생자를 이 세상에 보내심으로 우리의 모든 죄를 도말하시고 구속하여 주신 이유가 무엇입니까? 이는 하나님께서 인생들을 통하여 영광 받으시기를 원하시기 때문입니다. 이를 위하여 예배를 허락해 주셨고, 예배를 통하여 말씀이 선포되게 하셨고, 그 말씀을 우리의 영의 양식으로 삼게 하셨고, 그 말씀을 따라 구별된 하나님의 백성으로 살아가게 하신 것입니다. 이것이 성도들이 세상에 사는 궁극적인 이유입니다. 이 세상에서 더 잘 살고, 더 잘 먹고, 더 잘 누리고, 더 유쾌하게 생활하고자 하는 것들은 성도의 삶의 목적이 아닙니다.

성도들의 모든 언행심사(言行心事)는, 우리를 사랑하시고 구원해 주신 하나님을 기쁘시게 하는 것으로 향해야 합니다. 단지 소요리문답에서 교훈하고 있는 것을 아는 것으로 그치지 않고, 진정으로 우리의 삶

속에서 하나님을 영화롭게 하고 그 이름을 영원토록 즐거워하는 인생의 목적을 바르게 감당하는 것이 성도의 삶입니다. 성도의 모든 판단과 선택의 기준은 하나님의 영광입니다. 언제든지 어떠한 것이든지, 그것이 하나님께 영광이 되는 것인지 혹은, 하나님의 기록된 말씀에 합한 것인지 살펴보고, 그 말씀의 교훈을 넘어서지 아니하는 합당한 길을 가는 것이 성도의 삶입니다.

성경은 우리에게, 먹든지 마시든지 무엇을 하든지 하나님의 영광을 위하여 사는 것이 좋을 것이라고 권면하지 않습니다. 이 말씀은 우리에게 조언하신 것이 아닙니다. 먹든지 마시든지 무엇을 하든지 하나님의 영광을 위해서 하라는 하나님의 명령입니다. 이 일은 권고 사항이나 선택 사항이 아닙니다. 우리가 더 낳은 삶을 살기 위한 교훈이나 충고가 아닙니다. 이는 하지 아니하면 안 되는 명령이라는 사실을 기억하시길 바랍니다.

어떻게 사는 것이 하나님을 영화롭게 하는 삶인가? 무엇을 해야 하나님께서 즐거워하실까? 성도의 생활 실천적인 것을 말씀드리고자 합니다. 우선, 다음을 기억하시기 바랍니다.

성도는 세상 사랑함을 경멸해야 합니다. 하나님을 영화롭게 하고 그 이름을 영원토록 즐거워하는 일은, 세상 사랑함을 경멸하는 자가 되는 것을 의미합니다. 성도는 마치 빽빽한 구름이 사라짐같이, 안개의 사라짐같이 모든 불의와 죄악에서 깨끗함을 얻은 사람입니다. 우리의 죄가 주홍 같을지라도 눈과 같이 희어지고, 진홍 같이 붉을지라도 양털같이 희게 된 사람들입니다. 하나님의 아들 예수 그리스도의 보배로운 피가 우리를 하나님 앞에서 거룩하고 흠 없고 책망할 것이 없는 자로 그 앞에 세우심을 입도록 역사해 주셨습니다. 그래서 성도는 구속함을 받은 자들이 다니는 거룩한 길로 다니는 사람입니다.

그러나 불행하게도, 이 세상은 죄의 지배를 받고 있는 세상입니다. 그러므로 세상에서 구속함을 받아 죄와 사망의 권세에서 해방된 성도들이 이 세상을 흠모하고 본받고자 하는 것은 매우 어울리지 않는 일입니다. 성도는 구속함을 받은 하나님의 백성이고, 하나님께 속해 있는 백성이기 때문에, 죄에 종노릇했던 이 세상을 다시는 돌아보지도 아니하고 흠모하지도 아니하고 사랑하지도 아니하고 도리어 세상을 경멸하는 사람이 되어야 합니다. 이것은 세상에서 건짐을 받은 성도들에게 자연스럽게 나타나는 현상입니다. 야고보서 4장 4절을 보면 다음과 같습니다.

간음하는 여자들이여 세상과 벗된 것이 하나님의 원수임을

알지 못하느뇨 그런즉 누구든지 세상과 벗이 되고자 하는 자는 스스로 하나님과 원수되게 하는 것이니라(약 4:4).

세상을 사랑하는 것은 또 다시 하나님과 원수가 되는 것입니다. 전에 하나님과 원수였고 하나님 나라와 상관없는 사람이었고, 그리스도의 생명에서 떠나 있던 자들이었는데, 이제 그리스도의 피로 값 주고 사서 원수 되었던 우리가 하나님의 자녀가 되고 하나님과 화목한 자가 되었는데, 또 다시 하나님과 원수되는 자리로 나아가는 것은 성도들이 가야 할 길이 아닌 것입니다. 세상에 미혹되는 미련함을 가진 사람들은, 하나님께 속한 것이 세상의 것과 비교할 수 없을 정도로 가치 있고 귀한 것임을 알지 못하는 사람입니다. 이는 마치 도금한 것에 불과한 세상의 화려함을 보고, 황금보다 찬란한 하나님의 것으로부터 마음을 뺏기는 것과 같습니다. 도금한 것은 실제 황금보다 화려해 보일 수 있다 하더라도 도금한 것에 불과합니다. 황금의 가치를 아는 사람은 도금한 것에 마음을 빼앗길 수가 없습니다. 이 비밀을 알고 있는 성도들은 모두 세상의 부귀영화를 분토만도 못하다고 고백합니다.

세상의 것은 잠시 있는 것에 불과하기 때문에, 영원한 생명을 한 순간이라도 포기하지 않았습니다. 그들은 무명한 자 같아도 유명한 자였고, 가난한 자 같아도 많은 사람을 부요하게 하는 자였고, 아무 것도 없는 자 같으나 모든 것을 가진 자로 살았습니다. 왜냐하면, 천지 만물을 지으시고, 만유의 주재자이신 하나님을 아버지로 모시고 산 사람들이기 때문입니다. 현실의 세상은 성도들을 현혹할 만큼 아름다워 보입니다. 화려하고 찬란한 모습들은 우리의 눈을 쏙 빼놓기 충분합니다. 그러나 성도들은 요한 일서 2장 15절 이하의 말씀을 기억해야 합니다.

> 이 세상이나 세상에 있는 것들을 사랑치 말라 누구든지 세상을 사랑하면 아버지의 사랑이 그 속에 있지 아니하니 이는 세상에 있는 모든 것이 육신의 정욕과 안목의 정욕과 이생의 자랑이니 다 아버지께로 좇아 온 것이 아니요 세상으로 좇아 온 것이라(요일 2:15-16).

이 세상이나 세상에 있는 것들을 사랑하지 말아야 하는 분명한 이유가 있습니다. 이는, 그 세상 속에 아버지의 사랑이 존재하지 않기 때문입니다. 또한, 세상에 있는 모든 것이 육신의 정욕과 안목의 정욕과 이생의 자랑이고, 이 모든 것이 아버지께로부터 좇아 온 것이 아니기 때문입니다. 다시 말하면, 우리는 아버지께로 나서 아버지께로 돌아갈 아버지의 백성들인데, 어찌 세상을 사랑할 수 있습니까? 이 세상이 내세우는 것들은 어느 것 하나도 아버지께로 좇아 온 것이 아닙니다. 그러므로 세상에 속해 있는 것들을 사랑하고 흠모하는 것은 하늘 시민권자의 자세가 아닙니다. 하나님을 대적하는 것들로 가득한 이 세상을 탐하는 사람은 세상에 속해 있는 사람이고, 하나님 나라 왕실 백성이 아닙니다. 세상이 자랑하는 것들은 모두 하나님의 심판을 받기에 합당하다는 것을 잊어서는 안 됩니다. 세상이 우리에게 준다고 하는 모든 것은, 마지막 날 우리가 하나님의 심한을 피할 수 없게 만드는 결정적인 증거가 될 것입니다. 이 세상에 있는 것들을 흠모하면, 그 어떤 사소한 것이라도, 하나님께서 영원한 지옥 형벌을 주시기에 합당한 증거가 될 것입니다.

주님께서는 세상을 사랑하지 말라고 가르치십니다. 종교개혁자 존 칼빈은, 우리가 죄악 중에서 출생한 자들이기 때문에 세상에 노예적인 근성을 지니고 있다고 이야기하였습니다. 세상을 사랑하지 않으려 노력하여도, 사람은 자연스럽게 세상을 사랑하게 된다는 이야기입니다. 칼빈은 짐승처럼 사랑한다고 표현하였습니다. 사도 베드로가 이야기한 것처럼, 우리는 우리 조상의 망령된 행실이 전부인 사람이었습니다. 골로새서 3장의 말씀과 같이, 하나님의 진노가 임하기에 합당한 일들을 저지르는 사람들이었습니다. 그러나 이제는 그 옛 사람을 벗어버리고 하나님을 따라 의와 진리의 거룩함으로 지으심을 받은 새 사람이 되었습니다. 그래서 더 이상 이 세상이 우리의 주인이 아니게 되었습니다. 그러나 이 사실을 알지 못한 자처럼, 세상을 자신의 안식처와 피난

처로, 자신의 모든 것처럼 붙들고 사는 것은 그리스도인으로서 합당치 못한 자가 되는 것입니다. 하늘나라 시민들과 동일한 시민이 되었고, 하나님 나라 왕실 가족이 되었기 때문에, 이전에 즐기던 세상 부귀영화를 아무런 가치가 없는 것으로 간주하는 것입니다. 보다 나은 도성을 믿음으로 바라보며 사는 자가 성도입니다. 썩어 없어질 것들을 바라고, 그것들을 붙들고 사는 사람이 아니고, 썩지 아니할 양식을 위하여 땀을 흘리는 사람입니다. 진리를 붙들고 사는 사람입니다. 세상을 흠모하는 자가 아니라, 세상을 경멸하는 자입니다. 왜냐하면 세상에 있는 것은 아버지의 사랑의 대상이 아니며 하나님과 원수인 세상으로부터 좇아온 것이기 때문입니다.

예수님을 믿기전에는 눈에 보이는 것이 전부였습니다. 그러나 이제는 보이지 않는 것을 더욱 귀하게 여깁니다. 전에는 손에 잡히는 것을 쫓아갔습니다. 그러나 이제는 손에 잡히지 않는 것들을 좇아 살아갑니다. 전에는 젓과 꿀이 흐르는 가나안 땅이 하나님께서 주신 축복이라 생각하여, 이 땅에 거하는 것이 최고의 복 인줄 알았지만, 이제는 보다 나은 도성을 바라보는게 되었습니다.

땅에서 충분히 호화로운 생활을 할 수 있었던 아브라함은, 그 땅을 버리고 하나님께서 약속하신 땅으로 갔습니다. 그 아브라함이, 하나님께서 영원히 주시겠다고 하신 약속한 땅에 기거하였음에도 불구하고 그 곳에서 장막을 치고 살았던 것은, 하나님께서 지으신 보다 나은 도성이 있음을 바라보았기 때문입니다. 이것이 진정한 그리스도인들의 생활 실천적인 모습입니다. 그리스도인들이 자신의 집에 많은 돈을 투자하는 것은 옳지 못합니다. 때가 되면 사라지고 말 것이기 때문입니다. 성도들의 눈에 비치는 세상은 부패하고 타락한 세상이고, 아버지의 사랑이 하나도 존재하지 않는 곳이기 때문에 이 세상을 경멸하는 것은 마땅한 자세입니다.

그렇게도 이 세상에 수많은 유혹들이 존재하는데, 왜 우리는 이 세상에서 담대하게 살아가는 것인가요? 그 이유는, 이제는 내가 산 것이 아니요 오직 내 안에 그리스도께서 사신 것이기 때문입니다. 내가 육체 가운데 사는 것은 나를 사랑하사 나를 위하여 자기 몸을 버리신 하나님의 아들을 믿는 믿음 안에서 사는 것이기 때문입니다. 갈라디아서 2장 20절에서 이야기한 것과 같이, 이 세상 육체 가운데 여전히 거하고 있는 이유는, 이 세상이 가치 있기 때문이 아닙니다. 이 세상에 있는 것들이 흠모할만하고 기댈만한 버팀목이 되기 때문이 아닙니다. 이는, 나를 사랑하사 나를 위하여 자기 몸을 내어주신 하나님의 아들 예수 그리스도를 믿는 믿음 안에서 사는 것입니다. 사단이 예수님께 이 땅의 모든 부귀영화를 보여주면서, 자신에게 절한다고 한다면 그 모든 것을 주겠다고 유혹했지만, 예수님께서는 주 너의 하나님만을 경배하고 다만 그를 섬기라고 하시며 단호하게 거절하신 이유가 바로 여기에 있습니다. 성도들이 세상을 살아가는 가운데, 하나님의 것을 포기하게 만드는 세상의 강한 유혹이 있더라도, 주 너의 하나님만을 경외하고 다만 그를 섬기자고 고백하는 믿음으로 이겨내며 살아가야 합니다. 전에는 육신의 감각을 좇았고, 안목의 정욕에 이끌렸으며, 이생의 자랑을 일삼은 사람이었지만, 이제는 내 안에 그리스도가 사시고, 그 그리스도를 믿는 믿음으로 살아가는 자가 된 것입니다.

우리가 성도라고 한다면, 마치 하늘에 아무런 소망이 없는 사람처럼, 땅의 것을 갈구하는 사람이 되면 안 됩니다. 골로새서 3장의 말씀과 같이, 너희가 그리스도와 함께 다시 살리심을 받았으면 위엣 것을 찾고, 위엣 것을 생각하고 땅엣 것을 생각지 않는 것이 성도가 살아가는 길인 것입니다. 우리는 돌아갈 고향이 있습니다. 그렇기 때문에 항상 그 돌아갈 하나님의 나라에 들어가기를 힘쓰는 사람이 되어야 합니다. 땅에 있는 것에 집착하면 집착할수록 하나님 나라하고는 상관이 없는 사람이 되는 것입니다.

요즘, 한국 교회에 불고 있는 이상한 바람이 있습니다. 마치 천국이 더 이상 존재하지 않는 것처럼, 성도들을 잘못된 길로 인도하고 있는 바람입니다. 땅에서 잘 먹고 잘 사는 것으로 지상에서 낙원을 누리는 것을 강조하는 거짓된 교훈들이 강단에서 거침없이 선포되고 있습니다. 성도는 믿음으로 하나님을 기쁘게 합니다. 이 세상에서 하나님의 영광스러우시고 장엄하심을 바라보며 사는 사람들이 성도입니다. 존 뉴튼이 회개하고 난 이후에 고백한 것처럼, 장차 올 세상에 누구도 앗아갈 수 없는 기쁨과 영원한 보화를 바라보며 사는 사람이 성도입니다.

이러한 성도의 자세는 세상에 속한 사람들의 삶의 방식과 현저한 차이를 가집니다. 세상 사람들의 삶의 목표와 성도의 삶의 목표는 전혀 다릅니다. 세상 사람들은 하나같이 자신들을 위하여 살아가지만, 성도는 그리스도를 위하여 사는 사람입니다. 살아도 주를 위하여 살고 죽어도 주를 위하여 사는 사람이 성도입니다. 이는, 우리를 그리스도께서 피 값으로 사셨기 때문입니다. 우리는 그리스도의 것입니다. 17세기 언약도들 중, 26살의 나이에 스코틀랜드 전역에 하나님의 굉음을 들려주다가 마지막 순교자가 된 제임스 렌위크(James Renwick) 목사는 이렇게 고백하였습니다.

엄청난 핍박과 헤아리기 힘든 시련의 아픔 속에서 내 자신이 처해 있는 상황이 불타오르는 용광로와 같을지라도, 그것을 통과해야만 하나님이 살아계심을 증명할 수 있다면, 나는 기

그래서 그는 시편 103편을 부르며, 교수대에서 하나님의 나라를 바라보고 믿음의 길을 마치게 되었습니다. 그는, 하나님의 살아계심에 대한 분명한 확신을 가졌습니다. 또한 이 땅의 어떠한 것과도 바꿀 수 없는 도성이 있음을 믿음의 눈으로 바라보았기에, 자신의 생명을 기꺼이 내어 던질 수 있었습니다. 이것이 하나님의 생명을 소유한 그리스도인들이 가는 길입니다. 역사가 증명하는 것은, 지난 이천년의 기독교 역사 가운데, 자유주의 신학이나 알미니안 주의 신학을 가지고 순교를 한 사람은 한 명도 없다는 사실입니다. 하나님께서 쓰러져가는 교회를 다시 일으켜 세운 것도, 개혁주의 신앙을 붙들고 있는 사람을 통해서만 일하신 것을 기독교 역사가 증명합니다. 이런들 어떠하고 저런들 어떠한 것이 아니라, 진리이신 그리스도를 향한 일편단심(一片丹心)을 변함없이 추구하는 개혁신앙인들의 삶은 세상 사랑함을 경멸하는 삶이었습니다.

이 세상에 그 어떠한 것도 하나님과 어울릴만한 것은 없습니다. 그렇기 때문에 세상은 하나님께 속한 성도들을 미워하고 핍박하고 비난합니다. 오늘날 교회들은 그런 세상이 좋다고 이야기하며, 세상의 가치를 따릅니다. 하나님의 사랑이 존재하지도 아니하고 하나님께로부터 나온 것도 아닌 것으로 가득 차 있는 그 세상을 향하여 재롱부리고 있는 모습을 많이 볼 수 있습니다. 이러한 교회의 모습에 너무나도 안타깝습니다. 마치 하나님이 없는 것처럼, 오늘날의 많은 교회들이 세상을 향하여 재롱부리고 있습니다. 세상이 인정하는 교회가 진짜 교회인 것처럼 착각하고 있습니다. 멸망당할 세상 나라 백성에게 아양과 재롱과 아첨을 다하고 있는 그 모습은 절대로 아름다운 모습이 아닙니다. 하나님의 구원함을 받아 하나님 나라의 왕실 백성이 된 그리스도인들이 세상의 멸망 받을 자들에게 관심을 사고자 추태를 부린다면, 하나님의 명예를 훼손한 죄로, 하나님의 이름을 더럽힌 죄로, 하나님의 책망을 피할 수 없게 될 것입니다.

세상을 사랑함을 경멸해야 합니다. 성경은, 무릇 그리스도 예수 안에서 경건하게 살고자 하는 자는 핍박을 받으리라고 말씀합니다. 세상에서 핍박을 받는 것이 우리가 하나님께 속해 있는 하나님의 백성임을 드러내는 자랑스러운 표지인 것입니다. 그것이 모세가 간 길입니다. 그것이 사도들이 간 길입니다. 구름 같이 둘러싼 허다한 증인들이 있습니다. 모세는 믿음으로 이집트 땅에 있는 모든 보화들보다 그리스도 때문에 능욕 받는 것을 더 큰 재물로 여겼습니다. 왜냐하면 상 주시는 자가 있음을 바라보았기 때문입니다. 그는 주님께로부터 받을 상을 바라보았기 때문에, 이집트의 모든 보화를 취하는 것보다 그리스도를 위하여 능욕 받는 것을 기꺼이 수행하였습니다. 그 상은, 만왕의 왕이시고 만주의 주재자이신 그리스도로부터, 충성된 일꾼들에게 주어지는 생명의 면류관입니다. 선한 싸움을 싸우고 달려갈 길을 마치고 믿음을 지킨 사람들에게 주시는 의의 면류관입니다. 이 세상의 무엇과도 비교할 수 없는 상입니다.

요한일서 2장 17절 말씀을 보시기 바랍니다.

이 세상도, 그 정욕도 지나가되 오직 하나님의 뜻을 행하는 이는 영원히 거하느니라 (요일 2:17).

이 세상도 그 정욕도 지나갑니다. 지나간다는 것은 사라지고 없어질 것이라는 말입니다. 이 땅에서 가지고 싶어 하는 것, 누리고 싶어 하는 것들이 무엇이든 그 모든 것은 한 때에만 존재하는 것입니다. 잠시 동안 존재하는 것과 영원히 존재하는 것의 가치는 비교할 수 없습니다. 하나님께서 주시는 상은 사람들이 주는 상과 비교할 수 없습니다. 하나님께서 주시는 상은 한 세대에서 끝나는 상이 아니고, 천년만년 지나간다 해도 아버지의 보좌 앞에서 영원토록 기림을 받는 영원한 상입니다.

그 상을 소유하고자 달려갈 길 달려가는 것입니다. 믿음을 지키려고 애쓰는 것입니다. 세상 것을 분토만도 여기지 아니하는 것입니다.

희생이 없는 종교는 세상을 정복할 힘이 없습니다. 희생이 없는 그리스도인의 삶은 이 세상에게 정복을 당하면 당하지, 정복할 수 있는 능력은 가지지 못합니다. 예수 그리스도께서 이 세상에 살고 있는 성도들에게 보여주신 것은, 자기희생을 통하여 하나님과 원수인 세상을 정복한 것입니다. 능력이 없는 성도, 능력이 없는 교회는 주님을 위하여 세상에서 손해를 보고자 하는 자기희생이 없기 때문에 능력이 없는 것입니다. 주님을 위하여 기꺼이 수고하고 헌신하는 자들은 하늘에서 받을 상이 큽니다.

우리는 이 세상에서 땀을 흘리며 노력하여 소득을 만듭니다. 이렇게 얻은 소득을 주님과 그의 나라를 위하여 기꺼이 내놓는 것은 하늘에서 받을 상을 그보다 더 큰 보물이라고 생각하는 믿음의 표현인 것입니다. 그러나 하나님께 인색함으로 마지못해 헌금한다면, 이는 하늘에 속한 보물보다 땅에 있는 것을 더 가치 있게 여기는 행위입니다. 썩어 없어질 것들을 위하여 일하는 것이 아니고, 도둑도 들 수 있고 훗날 녹이 슬어 사용할 수도 없을 세상 금고에 넣어 두는 것이 아니고, 도둑도 들지 않고 녹도 슬지 않는 하나님의 보고에 쌓아두시길 바랍니다. 이는 하나님께서는 우리에게 수많은 것으로 갚아주실 수 있기 때문입니다. 하나님께 즐거움으로 예물을 드리시길 바랍니다. 말만 무성하고 행함이 없는 껍데기 신앙을 가지면 안 됩니다. 수 없이 많이 바람이 불지만, 비는 한 방울도 내리지 않는 가련한 신세가 되어도 안 됩니다. 도리어 하나님의 심판을 피할 길이 없는 이 세상을 향하여 굴하지 않는 믿음으로 담대히, 하나님께 오라고 외치시기를 바랍니다. 모든 소망을 하나님께 두고 살아야 한다고 외치시길 바랍니다. 많은 사람들이 돈에 팔려간다 할지라도, 많은 종교 지도자들이 맘모니즘(Mammonism)에 빠져 고개를 숙이고 있다 할지라도, 선지자 미가야처럼 야곱 족속의 죄가 무엇인지, 이스라엘 백성들의 허물이 무엇인지 담대히 알려, 하나님의 진노를 피하라고 말해주는 성도가 되시기를 바랍니다. 그 일을 위한 것이라면, 바쁘지만 시간도 내고, 넉넉하지 못하지만 재물까지도 기꺼이 내어 놓으며, 하나님 나라를 흥왕케 하는 충성된 일꾼들이 되시기를 바랍니다. 이것이 개혁 교회의 실천입니다.

그러나 재있는 것은, 하나님께서는 세상을 사랑하라고 말씀하십니다. 세상을 사랑해야 합니다. 세상을 경멸해야 하지만, 세상을 사랑해야 합니다. 이 말의 의미는 다음 장에서 살펴보겠습니다.

하나님의 방식으로 세상을 사랑하라(1)

하나님이 세상을 이처럼 사랑하사 독생자를 주셨으니 이는 저를 믿는 자마다

멸망치 않고 영생을 얻게 하려 하심이니라

[요 3:16]

이 세상에 사는 성도들은 어느 한 쪽으로 치우치지 않는, 균형 있는 신앙생활을 해야 합니다. 특별히 개혁주의를 추구하는 성도들은 성도의 삶에서 하나님 중심, 말씀 중심, 교회 중심의 삶이 나타나야 합니다. 이러한 삶의 생활 실천적인 모습을 위한 요소로, 앞 장에서, 세상 사랑하는 것을 경멸하라는 이야기를 하였습니다. 성도는 이 세상에 속해 있지 않고 하나님께 속해 있기 때문에, 세상을 사랑하는 것은 하나님과 원수가 되는 것입니다. 그러나 성경은 세상을 경멸하라고만 가르치지 않고, 매우 역설적이게도, 세상을 사랑하라고 가르쳐줍니다. 본 장에서는 세상을 사랑하라는 하나님의 말씀을 생각하며 은혜를 나눠보고자 합니다.

성도는 동시에 세상을 사랑하는 자가 되어야 한다.

성도는 세상을 사랑해야 합니다. 왜냐하면 이 세상을 하나님께서 지으셨기 때문입니다. 이 세상을 창조하신 분이 하나님이시고 이 세상이 하나님의 사랑의 대상이 되기 때문에 성도들도 이 세상을 사랑해야 합니다. 그러나 이 세상을 사랑할 때, 세상의 방법으로 사랑하는 것이 아닙니다. 세상을 사랑하되, 하나님께서 세상을 사랑하시는 방식으로 세상을 사랑해야 합니다.

하나님께서는 세상에서 사람을 택하사, 그들을 세상에서 끌어내어 하나님의 백성으로 삼으셨습니다. 그러나 그것으로 모든 것이 끝난 것이 아니라, 불러내신 성도들을 다시 세상으로 파송하십니다. 그러나 다시 파송하실 때에는 사명을 주시면서 파송하십니다. 그래서 성도들은 세상을 소명감을 가지고 사랑해야 합니다. 이것이 개혁교회 성도들이 세상을 사랑하는 이유입니다.

우리는 모두 육신적인 방법으로 세상을 사랑하였고, 세상 사람들이 살던 모든 방식대로 살았던 사람들입니다. 그들과 똑같이 세상에서 더 많은 것을 누리고 싶어 했고, 더 많은 것을 가지고 싶어 했으며, 더 많은 혜택을 보고 싶어 하였습니다. 심지어 예수님을 아는 것조차 육체대로 알아 육체대로 생각했었습니다. 그렇기 때문에 예수님의 사람들을 핍박하고 조롱하고 예수님 자체를 거부했던 사람이었습니다. 그러나 이제는 예수 그리스도를 믿음으로 영접하고, 이 세상에서 불러냄을 받아 하나님의 자녀가 되었습니다. 더 이상 유혹의 욕심을 따라 썩어져 가는 구습을 좇는 사람이 아니라, 하나님을 따라 의와 진리의 거룩함으로 지으심을 받은 하나님의 자녀가 되었습니다. 우리는 비록 땅에 살고 있지만, 하늘에 시민권을 둔 자가 되었습니다. 예수님을 구주로 영접한 이후, 세상을 살아가는 방식이 달라졌습니다. 예수님을 믿기 전에는 세상 사람들이 가는 길로 갔습니다. 그러나 예수님을 믿고 난 다음에는 전혀 다른 삶을 살게 되었습니다. 다니던 직장이 바뀐 것은 아닙니다. 호적이 변해서 새로운 호적으로 등록된 것도 아닙니다. 먹는 음식이 달라지는 것도 아닙니다. 그러나 이제는 내 안에 내가 사는 것이 아니라 나를 사랑하신 주님이 살아계십니다. 그래서 하나님의 자녀가 되게 하신 예수님을 믿는 믿음으로 사는 사람이 되었습니다. 전에는 어두움을 좋아했지만 이제는 빛의 나라로 들어왔습니다. 전에는 죄에 종노릇했지만 이제는 하나님의 자녀가 되었습니다. 전에는 눈에 보이는 것을 좇아 다녔습니다. 그래서 눈에 보이는 것을 가꾸기 위해 노력하였습니다. 내적인 것보다 외적인 것을 가꾸곤 하였습니다. 손에 가지고 있는 것들이 많아지기 위하여 노력했습니다. 그러나 이제는 눈에 보이는 것을 좇아가지 않습니다. 전에는 세상에 있는 모든 것들을 흠모하고 원했지만,

이제는 세상에 있는 모든 것들을 분토만도 못한 것으로 여기게 되었습니다.

그렇기 때문에, 세상 사람들이 세상을 사랑하는 방식과 그리스도인들이 세상을 사랑하는 방식은 다릅니다. 예수님을 믿기 전에도 산을 오르며 아름답다고 이야기하였지만, 예수님을 믿고 하나님의 창조의 능력과 권능, 그 분의 지혜와 그 탁월성을 알고 난 후에는 자연을 바라보고 찬양을 할 수 있는 사람이 되었습니다. 주님께서 지으신 세상이 더 잘 보존되게 하기 위하여 환경 운동을 하기도 합니다. 보다 좋은 세상을 만들기 위하여 노력하기도 합니다. 이처럼 눈에 보이는 세상은, 창조주 하나님을 더 알아가는 발판이 됩니다. 그래서 세상을 사랑하는 것입니다.

과학의 발달 또한 이것으로부터 시작하였습니다. 16세기 종교개혁 당시, 일부에서는 세상의 예술, 과학 등 문명의 발달을 더러운 것으로 치부하고, 이러한 것으로부터 등지는 것을 추구하는 사람들이 있었습니다. 그들은 심지어 공무원이 되는 것 또한 그리스도인이 하지 않는 것이 좋다고 이야기하곤 했습니다. 그러나 개혁파 교회 지도자들은 그러한 방식으로 세상을 대하는 법을 가르치지 않았습니다. 그들은 오히려 세상을 보다 적극적으로 사랑하도록 가르쳤습니다. 그들은 이 세상을 하나님의 공의와 사랑과 자비가 어떠한 것인지를 드러낼 수 있는 최고의 공간으로 간주하였기 때문입니다. 예수님께서 성도들을 향하여 이 세상의 빛이라고 이야기하셨는데, 이 세상을 사랑하지 않으면 빛이 되어야 할 이유가 없는 것입니다. 하나님께서 자기 백성들을 이 세상에 남겨두신 것은 이 세상에서 빛을 바라는 자가 되게 하시기 위함입니다. 하나님께서는 믿는 사람들끼리만 신앙공동체를 형성하여 사는 것을 원하지 않으셨고, 그들을 세상으로 파송하셨습니다. 그래서 종교개혁자 존 칼빈 선생님은 이렇게 가르치셨습니다.

세상은 하나님의 영광을 드러내는 무대이다 (Theatrum gloria dei).

세상은 하나님의 영광을 드러내는 무대이기 때문에 세상을 사랑해야 하는 것입니다. 세상은 하나님께서 죄인들을 사랑하신 숭고하고도 놀라운 사랑을 온 천하에 선포하는 중앙무대인 것입니다. 하나님의 성품의 고귀함과 그 지혜의 탁월함을 밝혀주는 무대이며, 그의 보이지 아니하는 속성들을 보이게 하시는 옷입니다. 그렇기 때문에 성도는 성경만 읽는 것이 아니라, 주님의 길을 발견하기 위해서, 자연 과학 등의 책들도 읽은 것입니다. 실제로 유럽에서 과학 문명이 발달된 이유는, 이러한 종교개혁자들의 가치관에 대한 가르침 때문입니다.

세상을 어떻게 사랑할 것인가?

세상을 사랑하시기 바랍니다. 성도들이 세상을 사랑하는 방법은
다음과 같습니다.

1. 이 세상의 주인이 우리 하나님이심을 알려야 한다.

첫 번째로, 이 세상의 주인이 하나님이심을 알려야 합니다. 세상
을 사랑하는데, 이 세상의 주인이 하나님이심을 알리는 방법으로 사랑
해야 합니다. 세상은 지금, 잠깐 동안 공중의 권세 잡은 자의 손아귀에
있습니다. 그러나 하나님께서 그것을 수수방관(袖手傍觀)하고 계시지는
않습니다. 인생의 생사화복(生死禍福)을 주장하시는 분은 여전히 하나님
이십니다. 그러나 이 세상은 아버지의 사랑이 머물러있을 수 없을 정도
로 마귀의 손아귀에서 놀아나고 있습니다. 끊임없이 전쟁이 일어나고,
파괴가 자행됩니다. 온갖 사악한 죄악들이 발생합니다. 하나님의 진노
의 불길을 피할 수 없는 곳이 되어가고 있습니다. 하늘에서 온 땅을 두
루 감찰하시는 하나님께서는 세상의 죄악을 보시고, 물로 모두 다 심판
하시는 일을 작정하시고 단행하셨습니다. 그러나 그 이후로도 인간은
이 세상을 여전히 하나님의 진노를 피할 수 없는 곳으로 만들었습니다.
그 죄로 인하여 탄식하고 있는 만물들조차, 하나님의 아들이 속히 나타
나서 그 모든 속박에서 해방되기를 학수고대하고 있었습니다. 이 해방

은 길이요 진리요 생명이신 그리스도를 통하여 이루어집니다. 이 그리스도를 선포하는 일을 통하여 인생의 주인이 마귀가 아님을 알리게 됩니다. 또한, 참 주인에게 돌아오는 것이 죄의 모든 속박에서 해방되는 유일한 길임을 가르쳐 주는 것입니다. 예수 그리스도를 전하는 일을 통하여, 하나님의 왕 되심과 예수 그리스도의 구주되심을 고백하는 돌이킴의 역사가 일어납니다. 그러므로 세상을 사랑하는 것은, 무엇보다도, 예수 그리스도의 복음을 전하여 죄와 사망의 권세에서 사람들을 해방시키는 것을 의미합니다.

돌이킴의 역사는, 단순히, 도덕적으로 착하게 살아가는 것으로 변화됨을 이야기하지 않습니다. 혹은 자선 행위를 통하여 선한 일에 종사하게 되는 것으로 변화됨을 이야기하지 않습니다. 이러한 것들은 의와 진리의 거룩함으로 지음을 받은 그리스도인의 삶의 방식을 의미하지 않습니다. 성도가 불신자들과 같은 업종의 일에 종사하더라도, 성도의 궁극적인 목적은 회사를 키우는 것에 있지 않습니다. 그것을 넘어서 하나님께서 모든 것의 모든 것이 되심을 온 땅에 드러내는 것에 그 목적이 있습니다. 그러므로 성도들은 자신이 속한 공동체가 하나님께서 거하기를 기뻐하시는 공동체로 만들어야 하는 사명을 가집니다. 이를 위하여 성도는 날마다 주님의 도우심을 구해야 합니다.

　　세상을 사랑하는 것은, 세상에 예수 그리스도의 복음의 빛을 발산하는 것입니다. 이 일은 어떠한 특정한 때가 되었을 때 할 수 있거나 해야 하는 일이 아닙니다. 몇몇 사람들은, 후에 돈을 많이 벌거나 높은 지위에 이르게 되면 하나님의 일을 할 수 있을 것이라 이야기하곤 합니다. 자신이 유명인사가 되면 하나님께 영광 돌리는 일을 넉넉하게 감당할 수 있을 것이라 생각합니다. 그러나 성경은 그렇게 하지 말라고 가르칩니다. 만약에, 부자가 되는 것이 세상을 사랑하는 방식이라면, 만약에 높은 자리에 오르는 것이 세상을 사랑하는 방식이라고 한다면, 만약에 유명한 사람이 되는 것이 세상을 사랑하는 방식이라고 한다면, 예수님께서는 처음부터 그를 믿는 사람들을 낮고 천한 사람들 가운데서 선택하시지 않았을 것입니다. 아마도 고관대작들이나 왕들이나 유명인사들로 먼저 예수님을 믿게 하셨을 것입니다. 그러나 하나님께서 원하시는 것은 그것이 아니었습니다. 물론 교회를 세우기 위해서는 돈이 많은 사람이나 권력이 높은 사람이나 유명한 사람들이 필요하기도 합니다. 또한, 교육인이나 사회사업가나 문화계 인사들이나 과학자들이나 공무원들이나 군인들이나 법조원들 모두 다 필요합니다. 하나님께서는 그런 모든 사람들을 통하여 죄와 사망의 권세에 눌려 있는 자들을 건져내시기를 원하십니다. 그러나 그러한 자리가 중요한 것이 아니라, 하나님께서 세상을 사랑하는 방식이 중요한 것입니다. 하나님께서 세상을 사랑하신 방법으로 해야 하는 것입니다. 하나님께서는 사실, 세상을 지으셨기 때문에, 세상을 사랑하실 수밖에 없습니다. 그러나 하나님께서 지으신 세상이 역겨운 곳으로 전락되어 버리고 말았습니다. 이는 죄 때문에 일어난 일입니다. 하나님의 심판을 피할 수 없는 곳이 되어 버렸습니다. 그런 세상을 하나님은 멸망치 아니하시고 구원하려고 작정하셨습니다. 하나님께서 어떻게 세상을 사랑하셨는지는, 요한복음 3장 16절에서 분명하게 살펴볼 수 있습니다.

> *하나님이 세상을 이처럼 사랑하사 독생자를 주셨으니 이는*
> *저를 믿는 자마다 멸망치 않고 영생을 얻게 하려 하심이니라*
> (요 3:16).

하나님께서 세상을 독생자를 주시기까지 사랑하셨습니다. 성도들이 세상을 사랑하는 방법이 하나님께서 세상을 사랑하는 방법이 아니면, 세상을 경멸하는 사람이 되어야 합니다. 사람들이 자신들의 지혜로 하나님을 알지 못하기 때문에 하나님께서 자신을 세상에 알리기로 작정하셨습니다. 그 방법은 독생자 예수님을 이 세상에 보내신 것입니다. 하나 밖에 없는 아들을 보내신 것이었습니다. 이 예수님께서 죄인들의 모든 죄를 대신 짊어지시고 십자가에 못 박혀 죽으심으로 죄를 공의롭게 심판하시는 하나님의 공의를 만족시키셨습니다. 뿐만 아니라 죄인들을 불쌍히 여기셔서 그 죄인들을 구원하시려고 하는 하나님의 사랑을 성취하셨습니다. 이것이 그리스도의 십자가입니다.

하나님께서 우리를 사랑하시는 이유가, 무언가 사랑할만한 것이 있기 때문이라고 생각하는 것은 매우 큰 오산입니다. 사울왕은 아말렉 사람들과 모든 가축들을 도륙하라는 말씀을 듣고 알았습니다. 그러나 조금 아까운 생각이 들어서, 그들을 진멸시키지 않고 좋은 것을 남겨서 하나님께 드리고자 하였습니다. 마치 이런 사울왕의 마음과 같이, 혹시 하나님께서 이 세상을 전부 진멸하시기에 조금 아까운 사람들이 있어서 택하시고 구원해 주시는 것이 아닌지 착각하는 사람들이 있습니다. 그러나 성경은 우리에게 분명하게 말하는 바, 우리가 연약할 때에, 피투성이와 같은 존재였을 때에, 누구도 거들떠보지 않는 길 가에 버려진 존재와 같을 때에, 하나님께서 우리를 사랑하신 것입니다. 우리가 죄인 되었을 때에 즉, 썩은 냄새나는 것 밖에 남아 있는 것이 아무것도 없는 그 때에, 모두가 죄인이라 하나님의 영광에 이르는 사람이 한 사람도 없는 그 때에, 하나님께서 우리를 사랑하셨습니다. 우리가 하나님과 원수 되었을 때에, 하나님께서 우리를 사랑하사 독생자를 우리에게 보내 주셨습니다. 티끌만큼이라도 사랑할만한 무언가가 있어서 우리를 구원해 주신 것이 아닙니다. 모든 사람들이 다 하나님의 진노를 피할 길이 없는 멸망의 대상들임에도 불구하고, 하나님께서 세상을 사랑하신 것입니다.

우리는 무언가가 있어야 사랑을 합니다. 느낌이 좋든지, 마음에 들든지, 눈에 보기에 좋든지, 보암직하든지, 먹음직하든지, 지혜롭게 할 만큼 탐스러운 것이 있어야 눈길이 가는 것이 사람입니다. 그러나 이 세상에는 죄악으로 가득 차 있었기 때문에, 하나님께서 보시기에 사랑하실만한 것이 전혀 없었습니다. 그런데 그러한 세상을 위하여 하나밖에 없는 아들을 보내주셨습니다. 아들을 세상의 왕으로 보내서 공중의 권세 잡은 자를 몰아내고 세상의 임금이 되라고 보내신 것이 아닙니다. 죄인의 짐을 지고 죄인들이 죽어야 할 자리에서 죽으라고 보내신 것입니다. 이것이 하나님께서 세상을 사랑하신 방식이 아닙니다. 무언가를 얻기 위하여 세상을 사랑하는 것이 아니라, 자신을 희생한 것이 세상을 사랑하는 하나님의 방식입니다.

그러므로 세상을 사랑하는 것은 자기희생으로 이루어집니다. 자기희생을 통하여 하나님께서 하나님 되심을 드러내는 것이 세상을 사랑하는 것입니다. 자기 자신을 죽이고, 자신을 부인함으로, 자신이 져야 하는 십자가를 짊어짐으로, 하나님께서 하나님 되심을 사람들에게 보이는 것이, 세상을 사랑하는 방식입니다. 십자가의 고난과 죽음 없이 세상을 사랑하는 것은, 하나님과 원수가 되는 것입니다. 독생자께서 자기를 비어 종의 형체를 가져 사람의 모양으로 이 세상에 오셔서 기꺼이 자기를 내어 주신 방식으로 세상을 사랑하는 자가 되어야 합니다. 예수님께서는 세상의 부귀영화를 취하고자 세상에 오신 것이 아닙니다. 세상 사람들로 하여금 하나님을 알게 하시기 위하여 자신을 기꺼이 희생하신 것입니다. 이러한 사랑에 감동받아, 수많은 선교사들이 자기 조국과 가정과 친척과 아비 집을 떠나, 낮고 천하고 아무 것도 없는 가난한 곳에 무지한 사람들 속으로 들어가는 것입니다. 그들에게 그리스도를 알리고 그리스도께서 보여 주신 그 사랑을 실천하여, 하나님께서 하나님 되심을 알리는 것입니다. 이것이 하나님께서 세상을 사랑하신 방식으로 세상을 사랑하는 것입니다. 그러한 사랑의 실천을 보고 세상 사람들이 하나님을 사랑하게 되는 것입니다. 세상 사람들과 동일하게 세상의 것을 탐해서는, 그들로 하여금 하나님이 하나님 되심을 알게 할 수 없습니다. 이 세상의 것이 아닌, 보다 나은 도성을 바라보며 나아가는 성도는, 땅에 있는 것을 세상 사람들과 같이 사랑해서는 안 됩니다. 성도가 돈을 벌지 말하는 것이 아닙니다. 성도가 공부를 하지 말라는 것도 아닙니다. 성도가 세상의 높은 자리에 오르지 말라는 것도 아닙니다. 성도의 목적은 세상사람의 목적과 같지 않다는 것입니다. 성도의 목적은 사람들도 하여금 하나님께서 하나님이시라는 사실을 알게 하는 것입니다.

2. 하나님과 주 예수를 잘 믿는 것이다.

성도들이 세상을 사랑하는 두 번째 방법은, 하나님과 주 예수 그리스도를 더 잘 믿는 것입니다. 성도가 세상을 사랑하는 최고의 방법은, 세상을 사랑하는 가장 고상한 방법은 예수님을 더 잘 믿는 것입니다. 물론 우리는 예수님을 믿습니다. 전혀 믿지 않는다는 것이 아닙니다. 더 잘 믿어야 한다는 것입니다. 세상의 많은 사람들은, 세상에서 나타나는 여러 문제들을 해결하기 위하여 경제, 과학, 정의, 인권 등의 문제를 개선하고자 노력합니다. 그러나 많은 사람들이 배부르게 먹을 것이 있다고 해서 경제 문제가 해결되는 것은 아닙니다. 또한, 많은 사람들이 잘 교육을 받았다고 해서 사악한 범죄가 사라진 정의로운 사회가 이루어지는 것도 아닙니다. 과거를 포함한 모든 사람들의 관심과 삶의 목적은 더 가지는 것, 더 누리는 것에 있습니다. 사람들은 더 소유하고 싶어 합니다. 더 높은 자리에 있고 싶어 합니다. 이러한 욕심은, 예수님을 믿는다고 하는 사람도 예외가 아닙니다.

예수님을 믿는 이유가 무엇입니까? 지금 자신이 가지고 있는 것을 잃어버리지 않기 위해서 믿습니까? 많은 사람들이, 예수님께서 자신이 가지고 있는 것들을 지켜줄 것이라 생각하고 예수님을 믿습니다. 자신이 가지고 있는 건강, 자신의 자녀들의 미래를 위하여 예수님을 믿습니다. 그러나 그러한 이유로 인하여 예수님을 믿는 사람들은 참 그리스도인이 아닙니다.

오병이어의 사건을 통하여 많은 사람들이 예수님을 좇았습니다. 사람들은 갈릴리 호수를 건너기도 하면서 열심을 가지고 예수님을 좇았습니다. 그러나 그들이 예수님을 좇은 까닭은 세상적인 욕심에 있었습니다. 예수님께서 그들의 속마음을 들춰내어 이야기하셨습니다.

> 예수께서 대답하여 가라사대 내가 진실로 진실로 너희에게 이르노니 너희가 나를 찾는 것은 표적을 본 까닭이 아니요 떡을 먹고 배부른 까닭이로다. 썩는 양식을 위하여 일하지 말고 영생하도록 있는 양식을 위하여 하라 이 양식은 인자가 너희에게 주리니 인자는 아버지 하나님의 인치신 자니라 (요 6:26-27).

예수님의 이 말씀을 듣고 많은 사람들이 질문을 던졌습니다.

> 저희가 묻되 우리가 어떻게 하여야 하나님의 일을 하오리이까 (요 6:28).

썩는 양식을 위하여 일하지 말고 영생하도록 있는 양식을 위하여 일하는 자가 되라고 하신 예수님의 말씀을 들은 사람들은, 그들이 영생을 얻기 위하여 무언가를 해야 한다고 생각하였습니다. 그래서 하나님의 일을 하기 위하여 어떻게 해야 하는지 질문한 것입니다. 이에 대하여 예수님께서는 매우 놀라운 대답을 하셨습니다.

> *예수께서 대답하여 가라사대 하나님의 보내신 자를 믿는 것*
> *이 하나님의 일이니라 하시니* (요 6:29).

하나님의 일을 하는 것은, 하나님과 예수님을 믿는 것이라고 말씀하셨습니다. 하나님께서 예수님을 이 땅에 보내신 것은, 아들을 믿는 자마다 멸망치 않고 영생을 얻게 하시기 위함이었습니다. 즉, 하나님께서 세상을 이처럼 사랑하사 독생자를 주신 이유는, 저를 믿는 자마다 멸망하지 않고 영생을 얻게 하기 위함인 것입니다. 어떠한 일을 해야 영생을 얻을 수 있냐는 사람들의 물음에 대한 주님의 답변은, 하나님과 예수님을 잘 믿어야 한다는 것이었습니다. 그것이 곧 하나님의 일이라는 말입니다. 구원을 위하여 인간이 할 수 있는 일은 아무것도 없습니다.

그러나 주 예수 그리스도를 믿는 것은, 단지 예수님을 구주로 영접한다고 이야기하는 것만을 말하지 않습니다. 이는 시작에 불과한 것입니다. 예수님을 믿는 것은, 하나님께서 인간의 구원을 위하여 이 땅에 보내주신 예수 그리스도를 더욱 잘 믿는 자리로 나아가는 것을 말합니다. 잘 믿는다는 것은, 예수 그리스도가 구주라고 하는 사실을 더욱 잘 아는 것을 의미합니다. 세상 사람들이 성도를 보고 이 세상의 주인이 하나님이시라는 사실을 알게 하기 위하여 더욱 잘 믿어야 합니다. 그러므로 그리스도인들이 세상을 사랑하는 방식은, 주님을 더 알면 알수록 그 사랑과 은혜와 지혜와 능력과 풍부함이 어떠한지를 세상에 더 드러내는 자가 되고자 하는 열망에 사로잡히는 것입니다. 그것이 세상을 사랑하는 방식입니다. 이는 이 세상 사람들과 똑같이 세상의 썩을 것들을 위하는 것이 아닙니다. 자신이 하는 일에 예수님의 도움을 받아 이 세상에서 부와 영화를 누리기 위하여 예수님을 믿는 것이 아니라, 하나님께서 자신을 사용하셔서서 많은 사람들이 멸망치 않고 영생을 얻게 하는 것이 세상을 사랑하는 것입니다. 배부르지 못한 것을 위하여 수고하고 양식 아닌 것을 위하여 은을 달아주는 것은 세상을 사랑하는 모습이 아닙니다. 썩지 아니하는 영원한 참된 떡과 참된 음료이신 예수 그리스도를 잘 믿음으로 말미암아, 세상 사람들로 하여금 영생을 얻도록 하는 것입니다. 자신 혼자만 영생을 얻었다는 것으로 만족하는 것이 아니라, 세상 사람들로 하여금 자신의 모습을 통하여 예수님을 알게 하는 것이 세상을 사랑하는 방법입니다. 성도 한 사람 한 사람이 훌륭한 그리스도인의 모습을 가지게 되는 것이, 세상 사람들이 필요로 하는 육신적인 필요를 채워주는 것 보다 더 효과적인 사랑의 표현입니다.

예수님을 믿기 전에는 자신이 많은 것을 가지는 것이 세상을 사랑하는 방법이라고 생각했습니다. 자신이 유명인사가 되어야 하고, 좋은 인격자가 되어야 세상을 사랑하는 것이라고 생각했습니다. 그러나 예수님을 구주로 영접하고 나니, 많은 변화가 생기게 된 것입니다. 자신이 부유한 자가 되어 다른 사람들로 하여금 생명의 자리로 나오게 하는 것이 아닙니다. 자신의 유명인사가 되어야 다른 사람들을 사랑할 수 있는 것이 아닙니다. 예수님을 잘 믿는 것이, 하나님을 더 사랑하는 것이 예수 그리스도께서 우리를 구원해주시는 유일한 길이라는 사실을 가장 잘 보이는 방법입니다.

나라의 대통령이 된다 하더라도, 그가 예수님을 잘 믿지 않으면, 국민들이 그를 보고 예수님을 믿겠다고 하지 않는 것은 당연한 것입니다. 자신의 사회적 위치가 중요한 것이 아니라, 어떠한 자리에 있다 하더라도 그 자리에서 예수님을 더 잘 믿는 사람이 되어야 하는 것입니다.

그것이 사도바울이 가진 꿈이었습니다. 사도바울 한 사람이 예수님을 더 잘 믿었기 때문에, 그가 예수님을 잘 섬겼기 때문에, 셀 수도 없는 사람들이 어두움에서 빛으로 나올 수 있었습니다. 수많은 사람들이 사망에서 생명의 자리로 나오게 되었고, 잃어버린 소망을 가지고 하늘을 향하여 나아가게 되었습니다. 우리가 예수님을 잘 믿으면, 우리의 남편이나 아내나 자녀나 친구들이나 직장 동료나 이웃들이 생명을 얻는 자리로 나올 수 있다는 것을 기억하시길 바랍니다.

　예수님을 더 잘 믿기 원하는 사람들은 세상의 유행에 마음을 쓰지 않습니다. 주위의 많은 사람들이 주일날 자녀들에게 공부를 시킨다 하더라도, 그 때문에 마음이 불안해하지 않는 것입니다. 세상 사람들과 동일한 보폭을 맞추어 걸어가는 것은, 그들이 하나님께서 하나님 되심을 알게 해주는 것에 도움을 주지 못합니다.

　세상을 경멸하는 것이 성도의 마땅한 본분입니다. 동시에 성경은 세상을 사랑하라고 가르칩니다. 그러나 세상의 사람들이 세상을 사랑하는 방법으로 세상을 사랑하는 것이 아닙니다. 세상을 사랑하는 것은, 하나님께서 세상을 사랑하시는 방식으로 사랑해야 합니다. 이 사랑의 목적은, 세상 사람들로 하여금 하나님께서 하나님 되심과 예수 그리스도께서 우리의 구주가 되신다는 것을 알리는 것입니다. 이는 자기를 희생하는 일을 통해서 이루어지고, 예수님을 더욱 잘 믿음으로 이루어질 수 있습니다. 예수님을 더욱 잘 믿어서, 스스로를 희생하는 것이, 하나님께서 세상을 사랑하시는 방식대로 세상을 사랑하시는 것이고, 이를 통하여 예수 그리스도만이 영생을 주시는 유일한 분이심을 온 땅에 널리 알리는 복 있는 성도가 되시기를 기원합니다.

하나님의 방식으로 세상을 사랑하라(2)

(34)새 계명을 너희에게 주노니 서로 사랑하라 내가 너희를 사랑한 것같이 너희도
서로 사랑하라 (35)너희가 서로 사랑하면 이로써 모든 사람이 너희가 내 제자인 줄 알리라

[요 13:34-35]

개혁주의 교회의 성도들은 신앙 실천적으로 세상을 경멸하는 자가 되어야 합니다. 그러나 성경에는 세상을 사랑하는 자도 되어야 한다고 합니다. 이 두 가지 중 어느 한쪽으로 치우치지 않고, 균형 잡힌 그리스도인의 삶의 추구해야 합니다.

세상을 사랑하는 것은, 하나님께서 세상을 사랑하는 방법에 다라 사랑해야 합니다. 이는, 자기를 부인하고 자기 십자가를 지신 예수 그리스도께서 하신 방법대로 자기희생을 통하여 세상을 사랑하는 것입니다. 또한 예수님을 더 잘 믿는 것이 세상을 사랑하는 최고의 방법입니다.

예수님을 잘 믿는 것

이번에 다루어 볼 내용은, 예수님을 더 잘 믿는 것과 관련되어 있습니다. 예수님을 잘 믿어야 세상을 올바로 사랑하는 것인데, 이 예수님을 어떻게 잘 믿을 수 있을지, 또한 예수님을 잘 믿는다는 것이 무엇인지 살펴보도록 하겠습니다.

1. 주님을 알고자 하는 갈망함과 사랑함이 날마다 있다.

첫 번째로, 예수님을 잘 믿는다는 것은 주님을 알고자 하는 갈망함과 사랑함이 날마다 더해지는 것을 말합니다. 예수님을 잘 믿는다는 것은, 예수님을 알고자 하는 갈망함이 있는 것입니다. 예수님을 사랑하는 마음이 날마다 강렬해지는 것입니다. 예수님을 사랑하는 마음이 날마다 더해지지 않으면 예수님을 잘 믿는 것이 아닙니다.

예를 들어, 서로 사랑하는 연인들이 있는데, 그들이 진실로 서로 사랑한다면 서로 늘 함께 있고 싶어 하는 마음이 생기게 됩니다. 만약에 그들이 일주일에 한 번만 만나고 싶어 한다면 사랑하는 것이라고 볼 수 없습니다. 하루에 한번 만난다 하더라도, 만나고 헤어질 때 또 만나고 싶고, 보고 싶고, 만나고 있는데도 만나고 싶어 하는 것이 사랑하는 것입니다. 서로 사랑하기 때문에 서로 늘 보고 싶고 만나고 싶은 것이 자연스러운 것입니다. 주님을 갈망하는 것도 이와 마찬가지입니다. 시편 42편에서 다윗은 이렇게 노래합니다.

> *하나님이여 사슴이 시냇물을 찾기에 갈급함 같이 내 영혼이 주를 찾기에 갈급하니이다*(시 42:1).

예수님을 잘 믿는 다는 것은 그 주님을 갈망하는 것입니다. 이러한 마음이 내 영혼 속에 갈급한 마음으로 나타나는 것입니다. 이것은 한 순간에만 존재하는 마음이 아닙니다. 끊임없이 우리의 삶 속에서 갈급함이 있는 것이 예수님을 잘 믿는 것입니다. 그로 인하여 주님을 더 알고 싶어 하고 주님을 더 사랑하는 것이 예수님을 잘 믿는 것입니다. 이러한 갈급한 마음이 없는 사람은 예수님을 잘 믿는 사람이 아닙니다. 사랑하는 마음이 없는 사람은 예수님을 잘 믿는 사람이 아닙니다. 그것은 사랑하는 것이 아닙니다. 하나님께서 보내신 예수 그리스도를 잘 믿는 것은, 언제나 그 분을 갈망하는 것입니다. 언제나 그 분을 더 사랑하는 자리로 나아가는 것입니다.

예수님을 더 알고자 하는 사람들은 세상에 속한 것들을 좋아하지 않습니다. 전에는 세상 사람들과 같이, 땅에 있는 것이 전부인 줄 알고 날뛰었지만, 이제는 예수님을 사랑하기 때문에 세상의 모든 것들을 배설물로 여기게 되는 것입니다. 이는 마치 눈에 콩깍지가 씐 사람이 되는 것과 같습니다. 눈에 콩깍지가 씐 사람은 다른 사람의 말이 들리지 않습니다. 그 사람이 친한 친구이든, 직장 동료이든, 심지어 가족일지라도 듣지 않습니다. 어떠한 장애물이 있다 하더라도, 사랑하는 사람을 향한 마음은 변하지 않게 됩니다. 그리스도인은 눈에 주님을 사랑하는 콩깍지가 씐 사람입니다. 주님을 너무나도 사랑하는 다윗은 시편에서 이렇게 고백합니다.

나의 힘이 되신 여호와여 내가 주를 사랑하나이다 (시 18:1).

항상 주님을 사랑합니다. 주님을 너무나도 사랑하여 항상 주님과 함께 하는 것입니다. 끝 날이 가까워올수록 더욱더 모이기에 힘쓰는 것입니다. 주님을 더 만날 수 있다면, 주님을 더 뵐 수 있다면, 더욱 힘을 내어 주님께 나오고, 이를 진심으로 기뻐하는 것입니다. 예수님을 너무나도 사랑하기 때문에, 찬송을 부를 때에도 감동 없는 목소리로 부르는 것이 아니라, 크고 힘차고 감격적으로 부르는 것입니다. 종교개혁자 칼빈 선생님께서는 이렇게 이야기합니다.

기도나 찬송이 목구멍에서만 나오고, 마음의 감동에서 우러나오는 것이 아니면, 하나님 앞에서 아무런 가치도 유익도 없다는 것이 분명하다. 하나님의 영광은 우리 몸의 여러 부분에서 드러나는데, 말로 발설하여 노래함으로써 혀를 그런 목적을 위하여 사용하는 것이 매우 적절할 것이다. 혀는 하나님을 향한 찬송을 말하고 선포하기 위하여 창조되었기 때문이다.

주님을 진실로 사랑하는 사람은 목구멍으로만 이야기하지 않습니다. 온 몸을 다해서 그 사랑을 표현합니다. 우리는 사랑에 빠진 사람들을 쉽게 알 수 있습니다. 왜냐하면 사랑에 빠지면, 외모부터 달라지기 때문입니다. 멋을 안 부리던 남자들이라도 사랑에 빠지면 멋을 부리게 될 것이고, 여자들도 더욱 예뻐질 것입니다. 그들은 사랑에 빠졌기 때문에 그러한 변화를 가지게 되는 것입니다. 그러한 마음을 주님을 향하여 가지고 있습니까? 온 종일 주님을 생각하십니까?

사랑하는 사람들이 만났을 때, 그들은 서로 사랑하기 때문에 함께 있는 시간들을 귀하게 여길 것입니다. 그러나 서로 사랑한다 하더라도 함께 지낼 때, 항상 행복한 시간만 있는 것은 아닐 것입니다. 서로 짜증을 부리기도 하고, 서로 싸우기도 합니다. 이는 우리가 죄 많은 사람이기 때문입니다. 사람이기 때문에 서로를 답답하게 만드는 일이 생기는 것입니다. 그러나 우리 예수님은 그렇지 않습니다. 예수님께서는 우리들을 향하여 분노를 표출하거나 짜증을 내시는 분이 아닙니다. 서머나 교회의 감독이었던 폴리갑은 로마 군인들에게 잡혀 화형을 당하였습니다. 로마 총독은 그를 잡은 후, 그리스도에 대한 신앙을 부인하고, 그리스도를 비난하라고, 그렇게 하면 풀어줄 것이라고 종용하였습니다. 그러나 폴리갑은, "내가 86년동안 그 분을 섬겨오면서, 그 분은 단 한 번도 나를 모른다고 하시지 않았습니다. 그런 분을 내가 어떻게 부인하여, 나의 왕을 모독할 수 있겠습니까?" 라고 고백하였다고 전해집니다. 예수님을 사랑하고 예수님께 빠진 사람은, 단 한사람도 예수님을 괜히 믿었다고 하는 사람이 없습니다. 자신이 한눈을 팔고 실수를 해서 문제가 생기는 것이지, 주님께서는 실수를 하시지 않으십니다.

주님을 잘 믿는다는 것은 진정으로 주님을 사모하여, 그 사랑하는 마음이 날마다 솟아나는 것입니다. 이 세상의 무엇과도 비교할 수 없고, 바꿀 수도 없는 최고의 가치를 지니신 분이 예수님이십니다. 그 예수님께 반하시길 바랍니다. 그 예수님께 빠지시길 바랍니다. 그 예수님께 미치시길 바랍니다. 세상에 미치지 말고, 재물에 미치지 말고, 권력에 미치지 말고 예수님께 빠지시길 바랍니다. 어쩌다 일주일에 한 번 예배당에 오는 것은 예수님을 잘 믿는 모습이 아닙니다. 어쩌다 기도회에 한 번 오는 것은 예수님을 잘 믿는 것이 아닙니다. 늘 만나도 계속 만나고 싶은 것처럼, 끝 날이 가까워올수록 더욱 모이기에 힘쓰는 것이 예수님을 사랑하는 것입니다.

주님께 빠지게 되면 말로 형언할 수 없는 찬란한 영광에 압도되어지는 놀라운 은혜를 입게 됩니다. 주님이 너무나도 좋아서 그 곁을 떠나고 싶지 아니하게 됩니다. 성도들이 하나님 앞에 나와 예배할 때, 그 영광스러우신 주님께서 우리를 만나주심에 대한 감격으로 인하여 예배당을 떠나고 싶어 하지 않는 마음이 생깁니다. 축도가 끝나면, 쏜살같이 밖으로 나가는 것이 아니라, 주님의 영광의 깊은 자리에 들어간 감격으로 인하여 떠나지 못하고, 자리에 앉아서, 주님을 다시 생각하게 됩니다. 이러한 큰 은혜가 날마다 더해지는 성도가 되시기를 바랍니다.

주님을 사랑하는 것이 대하여, 예수님께서는 요한복음 14장 15절에서 이렇게 말씀하십니다.

너희가 나를 사랑하면 나의 계명을 지키리라(요 14:15).

주님의 계명을 지키는 자라야, 주님을 사랑하는 자라고 말씀하셨습니다. 즉, 진정으로 주님을 사모하고 갈망하는 사람은 자연스럽게 주님의 계명을 지키게 되는 것입니다. 어느 날, 예수님께서 말씀을 전하시는데, 어떤 사람이 예수님의 어머니와 동생들이 왔다고 이야기하였습니다. 그 때, 예수님께서는 이렇게 말씀하셨습니다.

이는 혈육적인 관계를 이야기 한 것이 아닙니다. 하나님 아버지의 뜻대로 행하는 자가 하나님을 사랑하는 자라는 의미입니다. 그런 자들이 천국에 들어갈 것이고, 하나님의 참된 사람이라는 의미입니다. 물론, 우리들은 나약하여 하나님의 뜻대로 순종하는 것, 말씀의 계명에 순종하는 것을 종종 실패하곤 합니다. 그러나 주님의 말씀에 순종하려고 노력합니다. 계명을 지키기 위하여 억지로, 괴로움으로 노력하는 것이 아니라, 주님의 말씀을 꿀 송이보다 더 사모하기 때문에, 정금보다 더 좋아하기 때문에 지키려고 노력하는 것입니다. 그래서 하나님을 사랑하는 자들은, 하나님의 법을 무겁게 여기지 않습니다. 오히려 즐거움으로 받고, 섬깁니다.

성도는 단지 교회 안에서만 주님을 사랑해서는 안 됩니다. 주님을 사랑하는 마음은 우리의 삶의 모든 영역에서 가지고 있어야 합니다. 언제나 어디서나 주님을 갈망한다고 고백해야 합니다. 그러나 주님을 사랑한다고 고백하는 그리스도인들이, 가장 큰 갈등을 겪는 갈림길은 재물로 인한 갈림길입니다. 많은 그리스도인들이 재물을 하나님보다 더 사랑합니다. 하나님의 말씀보다 재물의 논리를 더 잘 지킵니다. 이러한 사람은 주님을 사랑하는 사람이 아닙니다. 성경에서 하나님의 것을 도적질하지 말라고 하셨으니, 도적질 하지 말아야 합니다. 그러나 재물의 힘이 너무나도 강력해서, 하나님을 사랑하는 것보다 재물을 더 사랑하곤 합니다. 하나님의 교회에 필요한 일에 적극적으로 참여하기보다, 인색함으로 참여하곤 합니다. 사랑하는 사람을 위하여 수고하거나 희생할 때, 이것이 매우 고통스럽고 힘들게 느껴진다면, 진정으로 그 사람을 사랑한다고 말할 수 없을 것입니다. 사랑하는 사람을 위하여 시간을 쪼개고 물질을 들이는 것, 몸을 아끼지 않고 헌신하는 것이 역겹고 힘들다면 그 사람을 사랑하는 것이 아닙니다. 주님을 믿고 주님을 사랑하는 사람은, 주님을 위하여 시간을 보내는 것을 아까워하지 않습니다. 교회에 와서 예배하는 것을 아까워하여, 주일 저녁을 허탄한 일을 하며 보내지 않습니다. 주님을 위하여 봉사하거나 헌금을 드리는 일을 아까워하지 않습니다. 주님을 위하여 일 하거나 물질을 사용하기 싫어하는 사람은 주님을 진정 사랑하는 사람이라고 말할 수 없습니다. 그들은 주님을 이용하고자 하는 사람일 뿐입니다.

주님을 사랑한다고 말하는 사람은, 주님을 향한 사랑의 실천에 있어 파격적이고 감동적이 모습을 보이는 사람입니다. 우리는 우리를 사랑하시는 부모님을 사랑합니다. 그런 부모님을 사랑하여, 사랑한다고 이야기하거나 그 표현을 합니다. 그러다 부모님의 생신이 되거나 결혼

기념일이 되면, 부모님께 더욱 특별한 사랑의 표현을 하기 위하여 선물을 준비하곤 합니다. 부모님께서 환갑이나 칠순을 맞이하시면, 여행 상품을 선물하기도 합니다. 우리는 사랑하는 부모님을 위해서는 이러한 모습을 잘 보입니다. 그러나 신앙생활을 하면서 하나님을 향하여 이러한 사랑의 고백을 하지 않는 사람들이 많습니다. 일상적인 사랑의 표현만 하고, 파격적인 사랑의 표현에 매우 인색합니다. 하나님께 인색하게 굴지 마시길 바랍니다. 자신들의 부와 유익을 위해서는 아낌없이 사용하면서, 교회가 필요로 하다는 것은 거지에게 동냥 주듯 행동하는 사람들이 많이 있습니다. 하나님께 그와 같은 태도를 보이는 것은 이해할 수가 없는 부끄러운 행위입니다. 그러한 사람은 하나님을 잘 믿는 사람이 아닙니다. 하나님을 사랑하는 사람도 아닙니다. 주님께서는 우리가 부요함을 누리게 하시기 위하여 스스로 가난하게 되셨습니다. 그런 주님께 파격적인 사랑을 보이시길 바랍니다. 그것이 주님을 사랑하는 것입니다.

세상에서 들려오는 여러 이야기 중에서, 호떡 장사나 김밥 장사 등을 해서 모은 돈을 교육기관이나 정부에 기부하는 사람들의 이야기를 종종 듣습니다. 그러나 신실한 기독교인이 모아 놓은 재산을 교회나 선교 단체에 기부하는 일은 거의 들을 수가 없습니다. 물론 오른손이 하는 일을 왼손이 모르게 하라는 말씀의 실천으로 인해 드러나지 않는 것일 수도 있습니다. 그러나 실제적으로 대다수의 그리스도인이 그렇게 하지 않습니다. 신문 기사에 보니, 우애가 깊은 형제가 모친의 유산 때문에 서로 원수가 되었는데, 그 통장에 있는 돈이 고작 93만원이었다는 이야기가 있었습니다. 또한, 어떤 4형제가 있었는데, 그들도 역시 서로 돈독한 우애가 있는 가족이었습니다. 그들의 형제 사랑은 다른 사람들에게까지 전해져서, 서울시에서 주는 모범적인 가정 상을 받기도 하였습니다. 그런데 그 형제의 부모님이 돌아가시면서 빌라 한 체를 남겨두고 돌아가셨습니다. 그 빌라에 대한 처분 때문에, 형제지간이 원수 아닌 원수가 되었습니다. 서로 법정에 소송을 걸고, 서로를 향해 형동생이라고 다시는 부르지 않겠다며 이야기하였다고 합니다. 돈은 땅에 사는 동안에만 필요한 것입니다. 그런 돈을 왜 남겨 놓고 가서, 사랑하는 자녀들이 서로 원수지간이 되게 하시는 것입니까? 주님을 위하여 아낌없이 사용하고 가시길 바랍니다. 자녀들에게 남겨주려고 애쓰지 마시고, 주님을 위하여 쓰고 가시길 바랍니다. 그것이 주님을 사랑하는 증거입니다. 선교 사역을 위하여 쓰시고, 필요한 곳에 넉넉히 드리시길 바랍니다. 이것이 세상 사람들과 믿는 사람들의 차이입니다.

성도들의 재물관은 세상 사람들과 달라야 합니다. 자시의 돌아갈 고향이 하늘나라라고 이야기하면서, 마치 그 천국이 존재하지 않는 것처럼, 땅에 있는 것을 갈구하는 사람은 주님을 믿는 사람이 아닙니다.

물론 이 세상에 살 때에, 즐겁게 사는 것도 중요합니다. 왜냐하면 주님의 지혜와 사랑과 그 능력을 드러낼 수 있는 최고의 무대가 바로 이 세상이기 때문입니다. 그러나 세상에 사는 것만 즐거운 것이 아니라, 죽는 것도 즐거워하는 사람이 되어야 합니다. 왜냐하면, 나를 구속하시고 나로 주님의 백성이 되게 하신 그 주님을 만나러 가는 것의 시작이 죽음이기 때문입니다. 또한, 믿음의 선진들을 만날 수 있는 곳이 천국이기 때문입니다. 그 천국에 들어갈 마음이 전혀 없는 것처럼, 죽는 것을 싫어하고 괴로워하는 것은 성도들의 모습이 아닙니다. 믿는 사람은 물질관에 있어서도 세상 사람들과 다르고, 죽음을 대하는 태도에 있어서도 다른 모습을 가지고 있는 사람입니다. 라틴어 격언 중에 이러한 말이 있습니다.

최선의 것이 타락하면 최악의 것이 된다 (Corruptio optimi pessima, David Hume)

최악의 것은 언제나 최선의 것의 타락입니다. 사탄도 천사가 타락하여 사탄이 된 것입니다. 이 세상의 빛과 소금인 그리스도인들의 타락은 이 세상의 악을 더욱 조성하는 최악의 모습으로 드러나게 됩니다. 성도들이 세상을 벗하고자 하는 욕망에서 벗어나 하나님이 세상을 사랑하신 그 방식으로 세상을 사랑하지 않는 한, 세상이 우리로 인하여 하나님께 무릎 꿇는 일은 결코 일어나지 않을 것입니다. 성도의 길은 쉬운 길이 아닙니다. 그러나 우리를 보배롭고 존귀하게 여기시고 사랑해 주시는 우리 주님께서 세상 끝날 까지 우리를 버리지 아니하시고 함께 해주실 것을 믿음으로 주님의 말씀을 듣고 행하는 성도들이 되시기를 기원합니다. 그렇게 할 때에, 물이 지나갈지라도 물이 삼키지 못할 것이고, 불을 통과하더라도 불이 태우지 못하는 사람이 될 것이며, 영원한 영광의 자리에 이를 수 있도록 주님께서 친히 역사해 주실 것입니다.

2. 새 계명을 지키는 것이다.

예수님을 잘 믿는 두 번째 방법은, 주님께서 주신 새 계명을 지키는 것입니다. 즉, 하나님의 말씀을 지키는 것입니다. 요한복음 13장 35절에 다음과 같이 기록되어 있습니다.

너희가 서로 사랑하면 이로써 모든 사람이 너희가 내 제자인 줄 알리라(요 13:35).

이 말씀에는 매우 놀라운 한 단어가 포함되어 있습니다. 바로 '모든'이라는 단어입니다. 너희가 서로 사랑을 한다는 말은 성도들이 서로 사랑하라는 말씀입니다. 그렇게 성도들이 서로 사랑하면 그리스도인들이 서로 사랑하는 성도를 주님의 제자로 알게 되는 것이 아닙니다.
성도들이 서로 사랑하면 성도들뿐만 아니라, 교회 밖에 있는 세상 사람
들까지도 그 성도들이 주님의 제자라는 사실을 알게 된다는 말씀입니
다. 주님을 잘 믿는 것은, 성도들이 서로 열심히 사랑하는 것입니다. 지
금 예수님께서는 믿지 않는 사람들을 사랑하라고 말씀하시지 않습니
다. 물론 안 믿는 사람들도 사랑해야 합니다. 원수까지 사랑하라고 말
씀하셨습니다. 그러나 그것을 먼저 말씀하지 아니하시고, 우선, 너희들
끼리 서로 사랑하라고 말씀하십니다. 성도들끼리 서로 사랑하라고 말
씀하십니다. 34절에 보면 어떠한 사랑을 말씀하시는 것인지 알 수 있습
니다.

*새 계명을 너희에게 주노니 서로 사랑하라 내가 너희를 사랑
한 것같이 너희도 서로 사랑하라*(요 13:34).

즉, 그 사랑은 예수님께서 보여주신 사랑을 일컫는 말입니다. 예
수님께서 우리를 사랑하신 것 같이 서로 사랑하라는 말씀입니다. 서로
사랑하면, 성도들끼리 서로 사랑하면, 이로써 세상 사람들까지도 다 우
리가 주님의 제자인 것을 알게 된다는 말씀입니다.

그러나 현실을 보면 안타까운 마음을 금할 수 없습니다. 오늘날

교회 안에 수많은 분쟁들이 있기 때문입니다. 교인들이 법정에 호소하고, 다툼을 일으키는 이러한 모습들이 너무나도 많아서, 이제 세상 사람들까지 신물이 난다고 이야기를 합니다. 교회에 다니는 사람들끼리 서로 철천지원수가 되어 서로를 욕하고 헐뜯는 일들이 오늘날 교회 안에서 버젓이 벌어지고 있습니다. 이렇게 교회에 다니는 사람들끼리 다툼과 분쟁을 일으키는 것은, 주님께서 말씀하신 새 계명을 지키는 것이 아닙니다.

하나님께서 우리를 사랑하시는 것은, 우리에게 사랑하실만한 것이 있기 때문이 아닙니다. 하나님께서 우리를 사랑하신 때는, 우리가 하나님이 원수 되었을 때입니다. 우리는 하나님께서 보시기에 역겨운 피비린내를 풍기는 피투성이와 같은 존재였습니다. 그러한 우리에게 하나님께서 찾아오셔서 무궁한 사랑으로, 우리를 사랑한다고 말씀해 주셨습니다. 주님께서 자신의 몸을 내어주시기까지 사랑하셨습니다. 인간은 무언가 사랑할만한 것이 있을 때 사랑합니다. 눈에 보기에 보암직도 하고 먹음직도 하고 지혜롭게 할 만큼 탐스럽지 않으면, 우리는 사랑하지 않습니다. 요한복음 13장에서는 원수를 사랑하라고 말씀하신 것도 아닙니다. 물론, 원수를 사랑해야 하고, 우리를 핍박하고 욕하고 대적하는 자들도 사랑해야 합니다. 그러나 요한복음 13장에서 하시는 말씀은, 예수님을 따른다고 말하는 사람들에게 하시는 말씀입니다.

너희가 서로 사랑하면 세상이 너희가 내 제지인줄 알 것이라는 말씀입니다.

사랑은 무엇입니까? 고린도전서 13장에는 다음과 같이 기록되어 있습니다.

내가 사람의 방언과 천사의 말을 할지라도 사랑이 없으면 소리나는 구리와 울리는 꽹과리가 되고 내가 예언하는 능이 있어 모든 비밀과 모든 지식을 알고 또 산을 옮길만한 모든 믿음이 있을지라도 사랑이 없으면 내가 아무 것도 아니요 내가 내게 있는 모든 것으로 구제하고 또 내 몸을 불사르게 내어 줄지라도 사랑이 없으면 내게 아무 유익이 없느니라(고전 13:1-3).

산을 옮길만한 모든 믿음이 있다고 해도, 천사의 말을 할지라도 사랑이 없으면 아무것도 아닙니다. 우리가 가지고 있는 모든 재산을 교회에 바친다 하더라도, 그리고 그것으로 많은 사람들을 구제한다 하더라도 사랑이 없으면 아무것도 아닌 것입니다.

서로 사랑하시길 바랍니다. 로이드 존스 목사님의 말에, 평소에는 온화하고 인자로운데 교회 회의만 하면 사자로 돌변하는 교인들이 있다고 하였습니다. 이러한 모습은 우리나라에서만 볼 수 있는 모습이 아니라, 외국에서도 볼 수 있는 모습인가 봅니다. 교회 안에 분란이 생기면 그것을 틈타 분열을 조장하는 악한 세력들이 나타납니다. 그 모습 속에는 주님의 사랑을 찾아 볼 수가 없습니다. 이것이 현대 교회들의 불행한 모습입니다. 우리들의 불행한 모습입니다. 정말로 사랑하십니까? 서로 사랑함이 없는데, 세상에 나아가 구제와 봉사를 한다고 하면, 세상 사람들이 그것을 보고 얼마나 감동 받을 수 있겠습니까?

지난 30여 년 동안 오픈도어스 선교회에서는 특별히 유럽에 있는 사람들을 모아, 북한 선교를 매년 40여명 북한에 들어가곤 합니다. 물론, 그 사람들은 한 동네 사는 사람이나 한 나라에 사는 사람들이 아닙니다. 유럽 전 지역에서 모인 사람들입니다. 그러한 그들이 함께 모여서 북한에 선교하러 들어갑니다. 북한에 들어가면, 그들을 감시하기 위하여 항상 비밀경찰들이 따라붙습니다. 그런데 어느 날, 그 비밀경찰 중 한 사람이 말하기를, "당신들은 한 나라 사람도 아니고 한 지역에서 온 사람도 아니고 한 회사의 직원들도 아니고 한 가족인 것도 아닌데, 어떻게 서로 한 가족과 같이 친절하며 다정다감할 수 있습니까?" 라고 질문하였습니다. 그러자 그 질문을 받은 사람이, "아, 그것은 우리 안에 계신 한 분 때문입니다." 라고 대답하였습니다. 그러자 그 비밀경찰이 다시, "그 한 분이 누구입니까?" 라며 물어보았습니다. 그 말에, "바로 우리 안에 계신 예수 그리스도 때문입니다.” 라고 대답하였다고 합니다. 그렇게 그들은 북한에서 예수 그리스도가 그들 안에 계심을 증거하였다고 합니다.

　　교회 안에서 서로 사랑하시길 바랍니다. 구역 식구들끼리 서로 사랑하고, 같은 전도회 회원들끼리 서로 사랑해야 합니다. 서로 사랑하는 모습으로 인하여, 세상 사람들이 우리를 참된 그리스도의 제자라고 말할 수 있을 것입니다. 그 사랑하는 모습으로, 세상 사람들의 마음에 감동을 끼쳐, 그들도 우리와 같이 그리스도인이 되고자 하는 마음을 가질 수 있게 될 것입니다. 세상 사람들이 교회 다니는 사람들을 보고, 세상 사람들보다 못하다고 손가락질 하는 것은 매우 불행한 일입니다. 세상을 사랑하되, 주님께서 우리를 사랑한 것 같이 서로를 사랑함으로, 세상 사람들로 하여금 우리가 참다운 그리스도인이라는 것을 가르쳐 주는 것이 세상을 사랑하는 방법입니다. 그러므로 사랑하시길 바랍니다. 서로 미워하거나 원망하거나 시비를 일으키지 마시길 바랍니다. 그리스도께서 우리를 사랑하신 것처럼, 서로 사랑함으로, 세상을 정복할 수 있는 성도가 되시기를 기원합니다.

3. 항상 감사하는 것이다.

　　예수님을 잘 믿는 세 번째 방법은, 범사에 감사하는 것입니다. 주님을 사랑하는 사람, 주님을 사모하는 사람은 그 주님으로 인해 항상 감사하는 사람입니다. 주님께서 베푸신 사랑과 은혜에 언제나 감사하는 것이 예수님을 잘 믿는 것입니다. 예수님을 잘 믿는다는 것은 감사가 많은 것입니다. 신문 기사 중, 어느 사람이 말하기를, 우리나라가 감사하다는 말이나 고맙다는 말 혹은 축하한다는 말을 많이 하게 되면 선진국에 진입하게 될 것이라고 하였습니다. 그렇게 하면 연간 소득 3만 불 이상이 될 것이라고 주장하는 것을 보았습니다. 사실, 성도들의 전매특허는 감사하다는 말입니다. 믿지 않는 사람들이 감사하다고 말하는 것은, 긍정적인 사고방식에서 나온 것에 불과합니다. 그러나 성도의 감사하다는 말은, 주님의 은혜에서부터 출발하는 것입니다. 그래서 우리가 말하고, 만지고, 숨쉬고, 바라보고, 듣고, 움직이고, 일하고, 먹고, 잠자는 것 등의 모든 것들로 인하여 주님께 감사할 수 있는 것입니다.

진정한 그리스도인은, 병들어도 감사하는 사람입니다. 가난해도 감사하는 사람입니다. 손해를 봐도 감사합니다. 왜냐하면 하나님을 사랑하는 자 곧 그 뜻대로 부르심을 입은 자들에게는 모든 것이 합력하여 선을 이루기 때문입니다. 자신에게 다가오는 고난과 아픔이 크더라도, 자신이 크게 손해를 봤다 하더라도, 큰 어려움을 겪었다 하더라도, 하나님께서 그 일을 통하여 선을 이루실 것이라는 믿음으로, 어떠한 형편에서든지 감사할 수 있는 것입니다.

매일 매 순간마다 감사하시길 바랍니다. 단순히 입으로만 감사하는 것이 아니라, 주님께 합당한 예물을 드려서 감사를 표현하시길 바랍니다. 이 세상에서도, 은혜를 받으면 감사하여 선물을 주곤 합니다. 성도들도 입으로만 감사하는 것이 아니라, 온 몸으로 수고하여 감사드리고, 정성을 다하여 감사드려야 합니다. 시편 50편에는 감사로 하나님 앞에 나오는 사람이 아니라, 감사의 제물로 하나님 앞에 나오는 사람을 하나님께서 영화롭게 하시고 구원을 보이신다고 말씀하셨습니다.

예수님을 잘 믿으시길 바랍니다. 주님을 사랑하는 마음이 날마다 마음속에서 솟아나도록 해야 합니다. 또한, 주님의 새 계명, 즉 서로 사랑하라는 그 말씀을 잘 지키시길 바랍니다. 그리고 범사에 감사함으로 예수님을 잘 믿으시길 바랍니다. 이를 인하여 세상 많은 사람들이 감동을 받아 그리스도의 복음 앞에 무릎을 꿇는 위대한 역사가 일어날 것입니다. 이 역사를 함께 이루어나가는 성도가 되시기를 기원합니다.

세상을 사용하고 즐거워할 자유

디모데후서 3장 1절 이하에서, 현대 사회의 특징을 살펴볼 수 있습니다. 이 시대의 사람들은 자기를 사랑하며 돈을 사랑하며 자긍하며 교만하며 훼방하며 부모를 거역하며 감사치 아니하며 거룩하지 아니하며 무정하며 원통함을 풀지 아니하며 참소하며 절제하지 못하며 사나우며 선한 것을 좋아하지 아니하며 배반하여 팔며 조급하며 자고하며 쾌락을 사랑하기를 하나님 사랑하는 것보다 더하며 경건의 모양은 있으나 경건의 능력은 부인합니다. 이러한 시대에서 그리스도인들은 어떻게 살아가야 할까요?

성도는 이 세상 사랑하기를 경멸해야 합니다. 그러나 세상을 사랑하기도 해야 합니다. 단, 세상을 사랑할 때에는 하나님의 방식대로 사랑해야 합니다. 하나님의 방식을 따라 이 세상을 사랑하는 방법은, 예수님을 잘 믿는 것입니다. 예수님을 잘 믿는 것이, 다른 사람들에게 하나님이 하나님 되심을 알리는 것입니다.

그리스도인에게는 세상을 사용하고 즐거워할 수 있는 자유가 있습니다. 단, 세상을 즐거워하는 목적이 하나님의 영광이 되어야 합니다. 즉, 하나님의 영광을 위하여 세상을 사용하고 즐거워해야 합니다. 성도는 세상에 속한 사람이 아니고, 하나님께 속한 사람입니다. 이사야서 44장에 다음과 같이 이야기합니다.

야곱아 이스라엘아 이 일을 기억하라 너는 내 종이니라 내가 너를 지었으니 너는 내 종이니라 이스라엘아 너는 나의 잊음이 되지 아니하리라 (사 44:21).

하나님께서는 우리를 지으신 창조주이고, 우리는 하나님의 자녀이고 종입니다. 성도는 예수 그리스도의 피로 값 주고 산 하나님의 자녀입니다. 하나님께서는 성도의 목자가 되시고, 언약의 아버지가 되십니다. 그러므로 그 백성들을 이끄시고 기르시고 돌보시고 보호하십니다. 즉, 그리스도인들은 하나님께 속해 있는 하나님의 백성입니다. 그러므로 교회에서 세례를 받거나 입교를 하는 성도들은 자신의 입으로 하나님을 아버지로 고백하고, 그 고백대로 하나님의 뜻대로 순종하는 삶을 살아가겠다고 고백합니다. 또한, 하나님의 종이 됨을 고백함으로, 하나님께서 세상을 사랑하시는 방식대로 세상을 사랑할 것이라고 고백합니다. 그러므로 성도가 세상을 사랑한다는 것은, 하늘에 속한 모든 신령한 것에 대한 미각을 망가뜨리지 않는 범위 내에서만 가능합니다. 즉, 잘못된 음식을 먹었을 때, 입맛을 버렸다고 이야기하는 것처럼, 하늘의 입맛을 상실하지 않는 범위 내에서 세상을 사랑해야 한다는 것입니다. 세상을 지나치게 사랑하여 자신이 하늘에 속해 있는 하나님의 사녀라는 신분을 망각해서는 안 됩니다.

성도는 하늘의 복을 지속적으로 맛봐야 합니다. 그렇기 때문에 성도는 은혜에 자리에 지속적으로 나오는 것입니다. 또한 하늘의 복을 맛봄으로 인하여, 하나님께서 세상을 사랑하신 방법을 따라 세상을 사랑할 수 있기 때문입니다. 다시 말해서, 하늘의 복을 맛보지 않는다는 것은, 하나님과 올바른 관계를 가지지 않는 것이므로, 하나님께서 세상을 사랑하는 방법으로 세상을 사랑할 수가 없는 것입니다. 또한, 세상 사람들에게 하나님이 계심을 알게 할 수도 없게 됩니다.

그리스도인은 모든 일을 하나님의 영광을 위하여 합니다. 그러므로 하나님의 영광을 위하지 아니하고 세상을 사랑하는 것은 허망한 것입니다. 종교개혁자 존 칼빈 선생님은, 고린도전서 10장 31절 말씀을 강론하면서 다음과 같이 이야기 하였습니다.

하나님께서 우리가 이 세상에 살도록 우리에게 주신 것은 단지 본질적인 것만 주신 것이 아니다. 즉, 남지도 모자라지도 않은 만큼 꼭 필요한 것만 주신 것이 아니라, 우리로 하여금 넘치도록 즐거워할 수 있게 모든 좋은 것을 풍족하게 주셨다. 이런 측면에서 볼 때, 모든 만물은 다 성도들의 것이다. 그러므로 삶의 영역에서 하나님의 영광을 위해서 헌신하지 않아도 될 하찮은 영역은 한 군데도 없다.

삶의 모든 영역에서 하나님의 영광을 위해서 헌신하지 않아도 될 하찮은 영역은 한 군데도 없습니다. 이것이 칼빈주의 개혁교회 성도들이 가지는 직업관입니다. 그래서 서구 유럽사회에서는 이러한 기독교적인 직업관의 영향을 받아, 직업적 신분에 귀천이 없다는 올바른 직업관이 뿌리를 내리게 되었습니다. 이러한 직업관은, 농공행상을 분리하여 귀한 것과 천한 것으로 나누는 동양 사상이나 유교적 사상과는 현저하게 다른 관점입니다. 이 직업관으로 인해, 길거리에서 청소하는 청소부조차도 하나님께서 지으신 세상을 청소하는 일에 봉사하고 있다는 자부심으로 자신의 본분을 성실하게 수행할 수 있는 것입니다.

사실, 우리나라의 기독교인들은 불교문화나 유교적인 직업관의 영향을 많이 벗어나지 못하였습니다. 그래서 어떠한 직업을 가지느냐에 따라 성공과 실패를 가늠하는 잣대기 교회 안에도 여선히 존재합니다. 물론, 좋은 직장에 들어가는 것이 나쁜 것은 아닙니다. 그러나 좋은 직장에 들어간 것이 성공한 삶은 아닌 것입니다. 어떠한 일을 하든지 그 일을 귀하게 여겨야 하는 것입니다. 기독교가 이 땅에 들어온 지 130년의 세월이 흘렀음에도 불구하고 아직까지 직업의 귀천을 따지며 세속적인 근거로 사람들을 평가하는 일이 교회에서 빈번하게 일어나고 있습니다. 개혁교회 성도는 어떠한 일을 하든지 하나님의 영광을 위하여 그 일을 하는 성도입니다. 그렇게 할 때, 하나님의 방식대로 세상을 사랑할 수 있고, 즐거워할 수 있습니다. 하나님의 영광을 위하여 일을 하기 때문에, 죄 짓는 것을 조장하는 업무나 환경을 파괴하는 업무 등에 종사하지 않는 것입니다.

어거스틴은 세상을 즐기는 것을 죄악된 것으로 판단하였습니다. 그래서 금욕주의적인 삶을 지향하였습니다. 그러나 종교개혁자 존 칼빈 선생님은 이 세상의 것을 사랑하고 즐거워하라고 하였습니다. 그는 세상에 대하여 냉혹한 태도를 가지는 것을 피해야 하지만, 동시에 세상에 대해서 무방비 상태로 전락되는 것을 주의하라고 이야기하였습니다. 또한 이를 다음과 같이 설명하였습니다.

하나님께서는 이 세상의 것들을 우리를 위하여 지으셨지, 우리의 파멸을 위하여 지으신 것이 아니다. 따라서 창조주께서 우리를 위하여 세상을 지으신 그 창조의 목적을 추구하며 하나님께서 주신 것을 바르게 사용하는 것은 잘못된 일이 아니다. 하나님의 창조 목적을 신실하게 구하는 자보다 더 바르게 사는 자는 이 세상에 없다.

그러므로 우리가 어떠한 일을 하든지, 어떠한 삶의 모습을 보이고 있든지, 하나님께서 우리를 지으신 창조의 목적을 실현하고자 애쓰는 것이 세상을 가장 올바르게 사는 모습입니다. 일용 노동직을 하든, 청소를 하든, 공무원으로서 일을 하든, 사업을 하든, 무슨 일을 하든지 하나님께서 지으신 창조의 목적 즉, 먹든지 마시든지 무엇을 하든지 하나님의 영광을 위하여 하면 그 모든 일은 매우 가치 있는 일이고 고귀한 성직과 다름없는 일인 것입니다. 이에 관하여 칼빈 선생님은 세상에 빠지지 않으면서 하나님의 방식대로 세상을 사랑하고, 하나님의 뜻을 이루는 사람이 되는 네 가지 원리를 이야기하였습니다. 세상을 경멸하면서도 동시에 세상을 사랑할 수 있는 이 네 가지 원리는 다음과 같습니다.

1. 각양 좋은 은사와 온전한 선물이 다 하나님으로부터 온 것임을 기억하라! (약 1:17)

첫 번째로, 각양 좋은 은사와 온전한 선물이 다 하나님으로부터 온 것임을 기억해야 합니다. 하나님께서는 각양 좋은 은사와 온전한 선물을 준비해 두셨습니다. 그러나 육체의 정욕과 이생의 자랑과 안목의 정욕을 일삼는 인간은 그러한 선물을 탐욕하고, 이를 이용하여 육체를 위해 사용하기를 즐거워합니다. 이러한 모습을 오늘날 쉽게 볼 수 있습니다. 디모데후서 3장 1절 이하에서 볼 수 있는 모습들 즉, 자기를 사랑하고 돈을 사랑하고 자긍하고 교만한 그 모습들이, 세상에 살고 있는 모든 사람의 모습입니다. 그러나 예수 그리스도의 피의 값으로 다시 태어난 사람들, 하나님의 자녀 되어 하나님의 뜻대로 살아가기를 다짐한 성도는 그러한 세상에서 떠나 하나님의 선한 목적을 향하여 달려가는 사람입니다. 성도는 하나님께서 주신 것들로 인해 하나님께 감사하는 사람이고, 하나님의 선하신 목적을 위하여 사용할 수 있도록 노력하는 사람입니다. 이 세상의 모든 것들은 다 지나가는 것일 뿐입니다. 그렇기 때문에 이 세상에서 즐거움을 찾는 것이 아닌, 하나님 아버지께 영원한 즐거움과 낙을 찾는 것입니다.

각양 좋은 은사와 온전한 선물이 다 빛들의 아버지께로부터 온 것이기 때문에, 세상의 있는 것들에 유혹되지 아니하고, 그 모든 것들을 주신 분께 매력을 느끼기 마련입니다. 이는 마치, 좋은 음악 자체에 매력을 느끼기보다, 그 음악을 연주한 사람에게 매력을 느끼게 되는 것과 같습니다. 이 세상에 있는 것은 하나님의 성품과 속성이 무엇인지를 알게 해 주는 것들이므로, 그것들로 인하여 하나님 앞으로 나아가게 되는 것입니다. 즉, 세상에 있는 좋은 것들은 우리로 하여금 하나님께 경배하도록 이끌어 주는 하나의 방편인 것입니다. 하나님께서 주시는 복 자체를 기뻐하지 아니하고, 그 복을 주시는 하나님을 더 기뻐하고 즐거워하는 것이 세상을 사랑하는 최고의 방법입니다. 복을 사랑하지 말고, 그 복을 주시는 하나님을 사랑하시길 바랍니다.

2. 자족하는 마음을 가지라! (빌4:11)

세상을 경멸하면서 세상을 사랑하는 두 번째 방법은, 자족하는 마음을 가지는 것입니다. 하나님께서는 성도에게 많은 것들을 주셨습니다. 이러한 것을 소유하고 있음으로 하나님의 섭리 속에서 만족하는 마음을 가져야 합니다.

하나님께서는 우리가 거처할 경계를 정해주셨습니다. 하나님께서 정해 주신 경계를 올바로 알고, 자신의 욕심과 욕망을 잘 제어할 줄 알아야 합니다. 그렇지 않으면, 많은 것을 가지고 있을지라도 올바른 청지기직을 수행할 수 없게 됩니다. 청지기는 자신의 소유의 많고 적음을 신경 쓰지 않습니다. 청지기의 주된 관심사는 그것을 잘 관리하는 것에 있습니다. 왜냐하면 그 가진 모든 것이 주인의 것이기 때문입니다. 세상에는, 많은 돈을 가지고 있지만 그 돈으로 인하여 고민하고 염려하는 사람도 있고, 그러한 돈이 없더라도 만족하며 즐거워하는 사람도 있습니다. 많은 재물을 가지고 있다고 해서 만족한 삶을 살 수 있는 것이 아닙니다. 높은 권세를 가지고 있다고 해서 만족할 수 있는 것이 아닙니다. 인간은 적성을 가지고 있기 때문에, 많이 가지면 가질수록 더 가지고 싶은 욕망에 사로잡히게 됩니다. 많은 재물을 가지고 있는 사람들이 더 세금을 내지 않으려고 하는 모습을 보면 알 수 있습니다. 그러나 그리스도인들은 세상에 욕심을 부리지 않고 하나님께서 주신 것들을 잘 관리하는 청지기로서의 직책을 잘 감당해야 합니다.

부족한 것이 있더라도 이를 만족하는 법을 배운 사람은, 풍족할 때에도 더 만족을 누릴 수 있습니다. 지금 있는 자리에서 불평불만을 가진다면, 더 좋은 자리에 있을지라도 불평불만을 가지게 될 것입니다. 자신이 현재 가지고 있는 것에 만족하는 법을 알아야 합니다. 그것이 세상을 하나님의 방법대로 살아가는 모습입니다. 자신의 것에 대해서 만족할 때, 혹여나 하나님께서 더 많은 것을 주신다면, 그 것들로 다른 사람들에게 베풀며 살 수 있습니다. 이러한 모습이 성도의 모습입니다. 비천에 처할 줄도 알고 풍부에 처할 줄도 알아 모든 일에 배부르며 배고픔과 풍부와 궁핍에도 일체의 비결을 배우는 성도가 되시기를 바랍니다. 또한 이로 인하여, 내게 능력주시는 자 안에서 모든 것을 할 수 있다고 고백하는 성도가 되시기를 기원합니다.

3. 우리의 소명이 무엇인지를 생각하라! (요 17:4)

세 번째로, 우리의 소명이 무엇인지를 생각해야합니다. 성도는 하나님의 영광을 위하여 살도록 부르심을 받아 세상에 파송된 사람입니다. 하나님께서 우리를 부르셔서 하나님의 자녀가 되게 하시고, 다시 우리를 이 세상을 보내셨습니다. 하나님께서 세상을 사랑하는 방법대로 이 세상을 사랑하라고 보내셨습니다. 우리는 세상에 파송되었기 때문에, 자신의 이익을 위하여 사는 것이 아니라, 하나님 나라를 위하여 사는 사람입니다. 이는 마치, 타국에 파견되는 외교사절과 같습니다. 외교사절은 타국에 파송되었을 때, 파송된 타국의 이익을 위해서나 자신을 위해서 일하지 아니하고 자국의 이익을 위하여 일합니다. 이와 같이, 하나님께서 파송하신 성도는 자신이나 세상의 이익을 위하여 살지 아니하고, 하나님께서 파송하신 목적에 따라 살아가야 합니다. 이것이 소명입니다. 하나님께서 주신 이 소명은, 현재 자신이 있는 위치에서 하나님의 영광을 위하여 사는 것입니다. 요한복음 5장 38-39절 말씀에, 예수님께서도, "내가 하늘로서 내려온 것은 내 뜻을 행하려 함이 아니요 나를 보내신 이의 뜻을 행하려 함이니라" 라고 말씀하셨습니다. 성도는 하나님의 보내신 뜻을 따라 살아야 합니다. 이러한 소명이 있을 때, 육체의 욕망에 이끌려 살아가지 아니하게 되고, 이생의 자랑에 휩쓸리지 아니하며, 인생의 쾌락을 사랑하는 자리에서 벗어나 하나님을 영화롭게 하며 하나님을 사랑하는 자리로 나아갈 수 있습니다.

그러므로 우리는 기도해야 합니다. 왜냐하면, 세상의 유혹을 이길 힘이 우리에게 부족하기 때문입니다. 우리는 항상 남과 자신의 비교하며, 이웃을 시기하고 질투하는 마음을 가지고 있습니다. 하나님께서는, 우리가 받은 소명을 잘 감당하기 위하여 기도하라고 말씀하십니다. 기도 외에는 하나님의 능력을 경험할 수 없습니다. 주일에만 교회에 나와서 기도하지 말고, 새벽기도도 열심히 참여하여 날마다 열심히 기도하시기기 바랍니다. 기도함으로, 세상에 매몰되어 살지 아니하고, 세상을 이기며, 하나님의 능력을 주위 사람에게 드러내는 삶을 사는 성도가 되시기를 기원합니다.

4. 하나님의 세상에서 고요하게 사는 훈련을 하라! (시 46:1-3, 시 16:8)

마지막으로, 하나님의 세상에서 고요하게 사는 훈련을 해야 합니다. 이 세상은 너무나도 혼란스러워서, 무슨 일이 언제 벌어질지 예측할 수가 없습니다. 조금의 시간만 지나도 세상에는 너무나도 많은 일들이 일어납니다. 매우 불안한 세상입니다. 많은 사람은 이 불안한 세상에서 불안해하며 삽니다. 그러나 성도들은 세상에 따라 요동치지 아니하고 하나님 앞에서 고요하게 살아갑니다. 아무 일이 일어난다 할지라도, 겸손히 하나님 앞에서 기도하며 하나님의 뜻을 살핍니다. 하나님께서는 성도가 이 세상의 어두움과 위험에 노출되어 있다는 사실을 잘 알고 계십니다. 그러나 하나님에게 이 세상은 어두운 곳이 아닙니다. 왜냐하면 하나님께는 빛과 어두움이 일반이기 때문입니다. 그러므로 참 빛의 아들들인 성도에게도 이 세상은 어둡고 위험한 공간이 되지 못합니다. 하나님께서는 그 사랑하시는 자녀들을 버려두지 아니하시고 모든 것을 합력하여 선을 이루십니다. 그러므로 어두운 그림자가 다가왔을 지라도, 인생에 먹구름과 폭풍이 몰려올지라도, 그것을 어두움으로 보지 아니하고 그 너머에서 선을 이루시는 하나님을 바라보는 신앙생활을 할 수 있는 것입니다.

시편 46편에서 노래하기를,

하나님은 우리의 피난처시오 힘이시니 환난 중에 만날 큰 도
움이시라. 그러므로 땅이 변하든지 산이 흔들려 바다 가운데
빠지든지 바닷물이 흉흉하고 뛰놀든지 그것이 넘침으로 산이
요동할지라도, 우리는 두려워 아니하리로다 (시 46:1-3).

시편 27편에서는 이렇게 노래합니다.

여호와는 나의 빛이요 나의 구원이시니 내가 누구를 두려워
하리요. 여호와는 내 생명의 능력이시니 내가 누구를 무서워
하리요 (시 27:1).

이러한 고백이 성도들의 입에 있는 고백입니다. 우리의 삶에서 세
상의 불안과 어두움이 몰려올 수 있습니다. 그러한 상황이 닥쳤을 때,
요동치고 당혹하는 것이 아닌, 모든 것을 주관하시는 하나님을 바라보
고 굳건하게 이겨나가시길 바랍니다. 하나님의 주권을 믿고, 그 하나님
앞에 겸손히 엎드려 기도함으로 세상이 감당할 수 없는 성도가 되시기
를 바랍니다. 그러한 가운데 세상이 줄 수 없는 평강이 마음속에 넘치
게 될 것입니다.

작년, 일본의 후쿠시마에 큰 쓰나미가 일어나 많은 사람들에게 큰 피해를 주었던 사건이 있었습니다. 그 사건이 일어난 지 일 년이 다 되어갑니다. 재밌는 것은, 현재 일본의 점을 치는 사람들이 큰 호황을 누린다는 것입니다. 사람들의 불안한 마음으로 인해 많은 점집이 호황을 누리는 것입니다. 점 한 번을 보는데, 우리나라 돈으로 약 25만원을 지불한다고 합니다. 그렇게 많은 돈을 주고 점을 봅니다. 심지어, 어떠한 사람은, 점을 보고 나온 다음, 바로 점집에 다시 전화를 해서 전화로 점을 또 본다고 합니다. 사람들의 불안이 극에 달한 모습이 일본 땅에 펼쳐지고 있습니다. 그러나 하나님을 경외하는 인생들은 그러한 어두움에 요동치지 않습니다. 세상 사람들과 발맞추어 불안해하지 않습니다. 성도는 고요히 주님을 앙망합니다. 풍랑이 일어 파도가 칠 때에도, 주님을 바라보았을 때, 베드로는 물 위를 걸을 수 있었습니다. 우리의 앞에 닥쳐오는 수많은 바람과 풍랑 그리고 어두운 것들에 매몰되지 아니하고 높은 곳에서 두 팔 벌려 우리를 안아주시고, 그의 날개 그늘 밑에 쉬게 하시는 주님을 바라보며 고요하게 세상에서 승리하시길 기원합니다. 미가 선지자는 고요하게 하나님을 바라보며 이렇게 고백하였습니다.

오직 나는 여호와를 우러러보며 나를 구원하시는 하나님을
바라보나니 나의 하나님이 나를 들으시리로다. 나의 대적이

여, 나로 인하여 기뻐하지 말지어다. 나는 엎드러질지라도 일어날 것이요 어두운데 앉을지라도 여호와께서 나의 빛이 되실 것임이로다 (미 7:7-8).

미가 선지자의 고백같이, 하나님께서 그의 자녀들을 반드시 지켜주실 것입니다.

19세기 미국의 칼빈주의 학자인 벤자민 B. 워필드(Benjamin B. Warfield)가 이야기 한 예화를 소개히고자 힙니다. 하나님의 영광을 위하여 살아가고 있는 성도의 진면목을 보여주는 예화입니다.

서부의 한 큰 도시에 살고 있는 한 군인이, 극도로 흥분된 그런 군중 틈을 걷고 있었다. 길거리에는 살기등등한 군중들이 매일같이 쏟아져 나왔다. 그런데 어느 날, 아주 냉철하고 차분한 사람이 자기에게로 다가오는 것을 보았다. 그의 품행은 아주 평안해 보였다. 그의 주변에서 올라오는 온갖 굉음 가운데서도, 그의 차분한 행동은 매우 인상적이었다. 그가 길을 걸으면서 이 장교를 쳐다보았다. 그리고 그 낯선 사람도 자기와 동일한 모습을 하고 있는 것을 발견하였다. 이 장교가 자기에게로 걸어오고 있다는 것을 느끼는 순간, 그는 자기의 겁지 손가

락으로 그 장교의 가슴을 가리키면서, 다짜고짜, "사람의 제
일 되는 목적이 무엇입니까?"라고 물었다. 그러자 그 상대방
인 그 장교는, "하나님을 영화롭게 하고 그를 영원토록 즐거
워하는 것입니다."라고 대답을 하였다. 그러자 그가 말하길,
"아, 나는 당신이 소요리문답 출신이라고 하는 것을 알아차릴
수 있었소."라고 이야기하였다. 그러자 그 장교가, "그래요?
그것이 바로 내가 당신에 대해서 생각한 것입니다."

포탄의 굉음소리 가득한 전장에서 평안한 모습으로 걸어 다닐 수
있는 이유가 무엇일까요? 이는 먹든지 마시든지 무엇을 하든지 하나님
의 영광을 위하여 하는 하나님의 자녀이기 때문입니다. 하나님의 주권
을 믿는 사람, 그 사람은 전장의 소용돌이 속에서도 평안함을 누리는
아름답고 고귀한 모습을 가질 수 있는 것입니다. 세상을 경멸하지만 동
시에 세상을 사랑하는 성도가 되시기를 기원합니다. 또한, 세상의 풍랑
가운데서도 우리의 소명을 생각하며, 자족하며 고요한 삶을 살아가는,
그리고 그 삶 가운데서 얻는 모든 영광을 주님께 돌려드리는 성도가 되
시기를 기원합니다.